AF311171

LES REGLES

DE LA

BIEN-SEANCE

ET

DE LA CIVILITÉ

CHRÉTIENNE.

TRES-UTILE POUR L'EDUCATION
des Enfans, & pour les Personnes qui n'ont
pas la politesse du monde, ni de la Langue
Françoise.

A L'USAGE DES ENFANS
des Ecoles Chrétiennes.

A Troyes, & se vendent;

A PARIS,

Chez la Veve NICOLAS ODDOT,
rue Vieille Bouclerie. 1716.

____

AVEC PRIVILEGE DU ROI.

A MONSIEUR
LE CHANTRE
DE L'EGLISE

METROPOLITAINE DE PARIS,

Collateur, Juge & Directeur des petites Ecoles de la Ville, Cité, Université, Fauxbourgs & Banlieüe de Paris.

MONSIEUR,

Je prens la liberté de vous présenter le Livre de la Civilité Chrétienne, comme un hommage que je vous dois, sur l'assurance que j'ai qu'il est propre à seconder vôtre Religion & vôtre zéle, pour l'établissement & la conservation de l'Esprit de pieté dans les Ecoles Chrétiennes, soumises à vôtre autorité, & confiées à vos soins. J'ai crû, Monsieur, rendre service & à l'Eglise & au Public, d'en avoir fait imprimer

EPITRE.

une nouvelle Edition, revûë, corrigée
& approuvée.

Les Maîtres & les Maîtresses d'Ecoles, qui sont sous vôtre conduite, &
ceux mêmes qui enseignent dans les Col-
léges y trouveront un grand secours pour
élever la jeunesse dans la pieté, en leur
apprénant les Régles de la vie civile,
selon l'esprit de l'Evangile, & à s'ac-
quiter des devoirs du Chrétien, dans tout
le cours de leur vie; les Personnes mêmes
les plus avancées en âge, y trouveront
des instructions trés-solides.

J'espere, Monsieur, qu'honorant ce
petit Ouvrage de vôtre aprobation &
de vôtre protection; & si vous voulez
bien en ordonner l'usage à tous les Maîtres & les Maîtresses qui sont sous vôtre
conduite, il aura tout le succés dont je
me suis flatté. Je suis avec un trés-
profond respect,

MONSIEUR,

Vôtre trés-humble & trés-obéïssant
Serviteur F. RIVIERE.

PRÉFACE.

C'EST une chose surprenante que la plûpart des Chrétiens ne regardent la Bien-séance & la Civilité, que comme une qualité purement humaine & mondaine, & que ne pensant pas à élever leur esprit plus haut, ils ne la considerent pas comme une vertu qui a raport à Dieu, au prochain & à nous-même. C'est ce qui fait bien connoître le peu de Christianisme qu'il y a dans le monde, & combien il y a peu de personnes qui y vivent & se conduisent selon l'esprit de JESUS-CHRIST. C'est cependant ce seul esprit qui doit animer toutes nos actions, pour les rendre saintes & agréables à Dieu, & c'est une obligation dont S. Paul nous avertit, en nous disant, en la personne des premiers Chrétiens, que comme nous devons vivre par l'esprit de JESUS-CHRIST ; nous devons aussi nous conduire en toutes choses par le même esprit.

Comme il n'y a aucune de vos actions, selon le même Apôtre, qui ne doivent être saintes, il n'y en a aussi pas une qui ne doive être faite par des motifs purement Chrétiens, & ainsi toutes nos actions exterieures ; qui sont les seules qui peuvent être réglées par la Bien-séance, doivent toûjours avoir & porter avec soi un caractere de vertu.

C'est ce que les Peres & Meres sont obligez de considerer dans l'éducation de leurs Enfans ; & c'est à quoi les Maîtres & Maîtresses chargez de l'instruction des Enfans, doivent faire une attention particuliere.

Ils ne doivent jamais, en leur donnant des régles de la Bien-séance, oublier de leur enseigner, qu'il ne faut les mettre en pratique, que par des motifs purement Chrétiens, & qui regardent la gloire de Dieu & le salut ; & bien loin de dire aux Enfans, dont ils ont la conduite, que s'ils ne font pas une telle chose, on les blâmera, qu'on n'aura pas d'estime pour eux, qu'on les tournera en ridicules, qui sont toutes manieres qui ne sont bonnes qu'à leur inspirer l'esprit du monde, & à les éloigner de celui de l'Evangile ; lors qu'ils voudront les porter à des pratiques exterieures, qui regardent le maintien de Corps, & la seule modestie ; ils auront soin de les y engager par le motif de la présence de Dieu, dont se sert S. Paul, pour le même sujet, en avertissant les Fidéles de son tems, que leur modestie devoit paroître à tous les hommes, parce que le Seigneur étoit proche d'eux ; c'est-à-dire, par respect pour la

presence de Dieu devant qui ils étoient,
s'ils leurs apprennent & leur font faire des
pratiques de bien-séance, qui ont raport
au prochain, ils les engageront à ne donner ces témoignages de bien-veillance,
d'honneur & de respect que comme à des
membres de Jesus-Christ & à des Temples vivans & animez du Saint Esprit.

C'est ainsi que saint Pierre exhorte les
premiers Fidéles ausquels il écrit, d'aimer
leurs Freres, & de rendre à chacun l'honneur qui lui est dû, pour se montrer de
véritables serviteurs de Dieu, en témoignant que c'est Dieu qu'ils honorent en la
personne de leur prochain.

Si tous les Chrétiens se mettent en état
de ne donner des marques de bien-veillance, d'estime & de respect, que dans ces
vûës & par des motifs de cette nature, ils
satisferont par ce moyen toutes leurs actions
& donneront lieu de distinguer, comme
on doit le faire, la bien-séance & la civilité
Chrétienne, de celle qui est purement
mondaine & presque payenne ; & vivans
ainsi en véritables Chrétiens, ayans des
manieres exterieures, conformes à celles de
Jesus-Christ, & à celles de leur profession,
ils se feront discerner des Infidéles & des
Chrétiens de nom, comme Tertulien dit,
qu'on connoissoit & qu'on discernoit les

Chrétiens de son tems, par leur exterieur & par leur modestie.

La bien-séance Chrétienne est donc une conduite sage & réglée que l'on a fait paroître dans ses discours & dans ses actions exterieures par un sentiment de modestie ou de respect, ou d'union & de charité à l'égard du prochain, faisant attention au tems, aux lieux & aux personnes avec qui l'on converse ; & c'est cette bien-séance qui regarde le prochain, qui se nomme proprement *civilité*.

On doit dans les pratiques de bien-séance & de civilité avoir égard au tems ; car il y en a plusieurs qui ont été en usage dans les siécles précedens, où même il y a plusieurs années qui ne le sont pas presentement, & celui qui voudroit encore s'en servir, passeroit pour un homme singulier, bien loin d'être regardé comme une personne civile & honnête.

Il faut aussi se conduire dans ce qui regarde la bien-seance, selon ce qui se pratique dans les Païs où l'on demeure, & où l'on se trouve ; car chaque Nation a ses manieres de bien-séance & de civilité qui lui sont particulieres, ce qui fait que trés-souvent, ce qui est messéant dans un Païs, est regardé comme civil & honnête dans un autre.

Il y a même des choses que la bien-séance exige en quelques endroits particuliers,
& qui sont entierement défendus en d'autres lieux ; car ce qui se doit faire chez le
Roi, ou même dans sa Chambre, ne doit
pas se faire ailleurs, parce que le respect
qu'on doit avoir pour la personne du Roi,
demande qu'on ait de certains égards dans
sa Maison, qu'il ne faut pas avoir dans celle
d'un particulier.

On doit aussi se conduire autrement dans
sa propre maison, que dans les maisons des
autres & chez les personnes qu'on connoît
que chez celles qu'on ne connoît pas.

Puis donc que la Civilité demande qu'on
ait & qu'on fasse paroître un respect particulier pour les uns qu'on n'est pas obligé,
& qu'il seroit même contre la bien-séance
d'avoir pour les autres ; quand on se rencontre, ou qu'on converse avec quelqu'un,
il faut faire attention à sa qualité, pour le
traitter & agir avec lui, selon que sa
qualité le demande.

Il faut aussi se considerer soi-moi, & ce
que l'on est ; car celui qui est inferieur à
d'autres, est obligé d'avoir de la soumission pour ceux qui lui sont superieures,
soit par leur naissance, soit par leur emploi,
soit par leur qualité, & de leur témoigner
beaucoup plus de respect, que ne feroit pas

un autre qui leur seroit tout-à-fait égal.

Un Païsan, par exemple, doit rendre exterieurement plus d'honneur à son Seigneur, qu'un Artisan qui ne dépendroit pas de lui ; & cet Artisan doit porter beaucoup plus de respect à ce Seigneur, qu'un autre Gentilhomme qui iroit le voir.

La Bien-séance & la Civilité ne consistent donc proprement que dans des pratiques de modestie & de respect à l'égard du prochain ; & comme la modestie se fait particulierement paroître dans la contenance & le respect, pour le prochain. Dans les actions ordinaires, qui se font presque toûjours en présence des autres, on a pris le dessein de traiter dans ce Livre, de ces deux choses séparément. 1. De la modestie qui doit paroître dans le Port & Maintien des differentes parties du Corps. 2. Des marques exterieures de respect ou d'afection particuliere qu'on doit donner dans les differentes actions de la vie, à toutes les personnes en présence de qui on les fait, & avec qui on peut avoir affaire.

TABLE DES CHAPITRES ET ARTICLES
contenus en ce Livre.

PREMIERE PARTIE.

SECONDE PARTIE.

TABLE.

TABLE.

TABLE.

Fin de la Table.

APPROBATIONS.

J'Ai lû par ordre de Monseigneur le Chancelier, ce Livre, qui a pour Titre. *Les Régles de la Bien-séance & de la Civilité Chrétienne*, dans lequel je n'ai rien trouvé que de conforme à la Foi Catholique, aux bonnes mœurs & à la pieté. Fait à Paris ce 26. jour de Décembre 1702.

Signé, L. ELIES DU PIN.

J'Ai lû par ordre de Monseigneur le Chancelier, *Les Régles de la Bien-séance & de la Civilité Chrétienne* ; & je n'y ai rien trouvé que de bon & d'utile. Fait à Paris ce septiéme May 1708.

Signé, D'ANCHET.

PRIVILEGE DU ROI.

LOUIS par la grace de Dieu Roi de France &
de Navarre, à nos amez & feaux Confeillers,
les Gens tenans nos Cours de Parlement, Maîtres
des Requêtes ordinaires de nôtre Hôtel, Grand Con-
feil, Prevôt de Paris, Baillifs, Sénéchaux, leurs
Lieutenans Civils, & autres nos Justiciers, qu'il
appartiendra : SALUT, nôtre amée la Veuve
OUDOT, Libraire à Paris ; Nous aïant fait fup-
plier de lui accorder Nos Lettres de permiffion,
pour l'Impreffion d'un Livre intitulé, *Regles de
la Bien-séance & de la Civilité Chrétienne* : Nous
avons permis & permettons par ces Prefentes à ladite
Veuve OUDOT, de faire imprimer ledit Livre,
en telle forme, marge, caractere, conjointement
ou féparément, & autant de fois que bon lui fem-
blera, & de le vendre, faire vendre & débiter par
tout nôtre Roïaume, pendant le temps de fix années
confecutives, à compter du jour de la datte defdites
Prefentes : Faifons défenfes à tous Libraires, Imprimeurs & autres perfonnes de quelque qualité & condition qu'elles foient d'en introduire d'impreffion
étrangere dans aucun lieu de nôtre obéïffance : A la
charge que ces Prefentes feront enregiftrées tout au
long fur le Regiftre de la Communauté des Imprimeurs & Libraires de Paris, & ce dans trois mois
de la datte d'icelles, que l'impreffion dudit Livre
fera faite dans nôtre Roïaume & non ailleurs, en
bon papier & en beaux caracteres, conformément
aux Reglemens de la Librairie, & qu'avant que
de l'expofer en vente, il en fera mis deux Exem-
plaires dans nôtre Bibliothéque publique, un dans

telle de nôtre Château du Louvre, & un dans
celle de nôtre trés-cher & féal Chevalier, Chancelier de France, le Sieur Voysin, Commandeur
de nos Ordres ; le tout à peine de nullité des Présentes : Du contenu desquelles, vous mandons &
enjoignons de faire joüir l'Exposante ou ses ayans
causes pleinement & paisiblement, sans souffrir
qu'il leur soit fait aucun trouble ou empêchement.
Voulons qu'à la copie desdites Présentes, qui sera
imprimée au commencement ou à la fin dudit
Livre, foi soit ajoûtée comme à l'Original. Com-
mandons au premier nôtre Huissier ou Sergent de
faire pour l'exécution d'icelles, tous Actes requis
& nécessaires, sans demander autre permission,
& nonobstant clameur de Haro, Chartes Norman-
des, & Lettres à ce contraires ; Car tel est nôtre
plaisir. Donné à Paris le septiéme jour du mois
de Juillet, l'an de grace mil sept cent seize, &
de nôtre Regne le premier. Par le Roi en son
Conseil. *Signé*, F o u q u e t, & scellé du grand
Sceau de cire jaune.

Regiſtré ſur le Regiſtre N°. 4. *de la Communauté des Libraires & Imprimeurs de Paris,
page* 22. N°. 29. *conformément aux Réglemens,
& notamment à l'Arrêt du Conseil du* 13. *Août*
1703. *A Paris ce* 9. *Juillet* 1716.
Signé, D e l a u l n e, *Syndic.*

LES REGLES

DE LA
BIEN-SEANCE.
ET
DE LA CIVILITE' CHRE'TIENNE.

PREMIERE PARTIE.

De la modestie qu'on doit faire paroître dans le port & le maintien des differentes parties du corps.

CHAPITRE PREMIER.

Du port & du maintien de tout le Corps.

CE qui contribuë le plus à donner de l'air à une personne, & à la faire considerer par sa modestie comme une personne sage & bien reglée, c'est lors qu'elle tient toutes les parties de son corps dans la situation que la nature ou l'usage leur a prescrit.

On doit pour cela éviter plusieurs défauts dans le maintien des parties du corps, dont le premier est l'*Affectation*, & la gene qui rend une personne guindée dans son exterieur, & qui est tout-à-fait contre la bien-séance & contre les régles de la modestie.

Il faut aussi se garder d'une certaine négligence qui fasse paroître de la lâcheté & de la molesse dans la conduite, & qui rend une personne méprisable, parce que cette mauvaise qualité marque une bassesse d'esprit, aussi-bien que de naissance & d'éducation.

On doit aussi faire une attention toute particuliere, pour ne rien faire paroître de leger dans son maintien ; ce qui est l'effet d'un esprit évanté. Ceux qui ont l'esprit naturellement leger & étourdi, s'ils veulent ne pas tomber dans ce défaut, ou s'en corriger, doivent faire en sorte de ne pas remuer un seul membre de leur corps sans attention, & de ne le faire qu'avec beaucoup de retenuë. Ceux aussi qui sont d'un temperamment actif & precipité, doivent beaucoup s'étudier à ne jamais agir qu'avec une grande moderation, à penser avant que de faire, & à avoir le corps le plus qu'ils peuvent dans une même consistance & situation.

Quoi qu'il ne faille rien faire paroître d'étudier dans son exterieur, il faut cependant sçavoir compasser toutes ses démarches, & bien régler le port de toutes les parties du corps. C'est ce qu'on doit apprendre aux enfans avec beaucoup de soin, & ce à quoi les personnes, dont les parens ont été assez négligens, pour ne les pas former dans leur bas âge, doivent s'appliquer d'une maniere particuliere, jusqu'à ce qu'ils s'y soient accoûtumez, & qu'ils se soient rendus ces pratiques aisées & comme naturelles.

Il faut qu'il y ait toûjours dans le port d'une personne quelque chose de grave & de majestueux : mais elle doit bien prendre garde qu'il n'y ait rien qui ressente l'orgüeil & la hauteur d'esprit ; car cela déplaît extrêmement à tout le monde. Ce qui doit donner cette gravité, c'est la seule modestie & la sagesse qu'un Chrétien doit faire paroître dans toute sa conduite. Comme il est d'une naissance élevée, parce qu'il appartient à Jesus-Christ, & qu'il est enfant de Dieu, qui est le souverain être, il ne doit rien avoir, ni rien faire remarquer de bas dans son exterieur, & tout y doit avoir un certain air d'élevation & de grandeur, qui ait quelque rapport à la puissance & à la majesté de Dieu, qu'il sert, & qui lui a donné l'être, mais qui ne vienne pas d'estime de soi-même, & de préference aux autres; car tout Chrétien devant se conduire selon les règles de l'Evangile, doit porter honneur & respect à tous les autres, les regardant comme les enfans de Dieu & les freres de Jesus Christ, & se considerant comme un homme chargé de pechez, il doit pour cela s'humilier continuellement, se mettre au-dessous de tous.

Lors qu'on est debout, il faut tenir le corps droit, sans le pancher ni d'un côté ni d'un autre, & ne pas se courber en devant comme un vieillard qui ne peut se soûtenir. Il est aussi trés-indécent de se redresser avec affectation, de s'appuïer contre une muraille ou contre quelque autre chose, de faire des contortions de corps, & de s'alonger avec indécence.

Quand on est assis, il ne faut pas s'étendre lâchement, ni s'appuyer bien fort contre le dossier de la chaise; il est indécent d'être assis trop bas ou trop haut, à moins qu'on ne puisse faire autrement, & il vaut mieux ordinairement être assis trop haut que trop bas : mais quand on est en compagnie, il faut toûjours, particulierement aux femmes, donner les sièges les plus bas comme les plus commodes.

Le froid ni pas une autre souffrance ou incommodité, ne doit pas nous faire tenir dans une posture indécente, & il est contre la bien-séance de faire paroître par ses contenances qu'on a quelque incommodité, à moins qu'on ne puisse faire autrement.

C'est aussi une marque d'une trop grande tendresse & délicatesse, lors qu'on ne peut rien souffrir, sans le faire paroître à l'exterieur.

CHAPITRE II.

De la Tête & des oreilles.

POur tenir la tête avec bien-séance, il faut l'avoir droite sans la baisser ni la pancher, ou à droite ou à gauche : il faut se bien garder de la serrer ou enfoncer entre les deux épaules ; la tourner à tout vent, cela est d'un esprit leger ; & la remuer souvent, est la marque d'une personne inquiete & embarassée. C'est aussi témoigner de l'arrogance de relever la tête avec affectation. Il est tout-à-fait contre le respect qu'on doit à une personne de la hausser, de la secoüer, ou de la branler quand elle nous parle, car cela fait paroître que l'on n'en a pas l'estime qui lui est düe ; & qu'on n'est pas disposé à croire & à faire ce qu'elle nous dit.

C'est une liberté qu'il ne faut jamais se donner d'appuyer la tête avec la main, comme si on ne pouvoit la soûtenir.

Gratter la tête quand on parle, ou même en compagnie, quand on n'y parleroit pas, cela est d'une trés-grande indécence, & indigne d'une personne bien née. C'est aussi l'effet d'une grande né-

g!igence & mal-propreté ; car cela vient ordinairement de ce qu'on a pas affez de foin de fe bien
peigner, & de fe tenir la tête nette. C'eft à quoi
doit prendre garde une perfonne qui n'a point de
perruque, de ne laiffer ni ordure ni craffe fur fa
tête ; car il n'y a que des perfonnes mal-élevées,
qui tombent dans cette négligence, & on doit regarder la netteté du corps, & particulierement de
la tête, comme une marque exterieure & fenfible
de la pureté de l'ame.

La modeftie & l'honnêteté demandent qu'on ne
laiffe pas amaffer beaucoup d'ordures dans fes oreilles ; ainfi il faut de tems en tems les nettoyer avec
un inftrument fait exprés, qu'on nomme pour ce
fujet *Cure Oreille*. Il eft trés-ndécent de fe fervir
pour cela de fes doigts, ou d'une épingle, & il eft
contre le refpect qu'on doit aux perfonnes avec qui
on fe trouve, de le faire en leur préfence ; c'eft auffi
le refpect qu'on doit avoir pour les lieux faints.

Il n'eft pas féant de porter une plume fur l'oreille,
ni d'y mettre des fleurs, d'avoir les oreilles per-
cées, & y pendre des Anneaux, cela ne fied pas
bien à un homme, car c'eft une marque exterieure
d'efclavage qui ne lui convient pas.

La plus belle parure des oreilles, eft qu'elles
foient toutes nües & bien nettes, les hommes pour
l'ordinaire doivent les couvrir de leurs cheveux ;
les femmes les ont plus découvertes, & il eft quelquefois d'ufage, fur tout aux femmes de qualité,
qu'elles ayent des perles, des diamans, ou des pier-
rés précieufes penduës à leurs oreilles. Il eft cependant plus modefte & plus chrétien de ne donner aux oreilles aucun ornement, parce que c'eft
par elles que la parole de Dieu entre dans l'efprit
& dans le cœur, & que le refpect qu'on eft obligé

d'avoir pour cette divine parole, doit empêcher que rien n'en approche qui ressente la vanité.

Le plus bel ornement des oreilles d'un Chrêtien est qu'elles soient bien disposées & toûjours prêtes à écouter avec attention, & recevoir avec soumission les instructions qui regardent la religion & les maximes du saint Evangile. C'est pour cette fin que les saints Canons ont ordonnez à tous les Ecclesiastiques d'avoir les oreilles entierement découvertes, pour leur faire connoître qu'ils doivent toûjours être attentifs à la loi de Dieu, à la doctrine de la verité, & à la science du salut, dont ils sont les dépositaires & les dispensateurs.

CHAPITRE III.

Des Cheveux.

IL n'y a personne qui ne doive prendre pour régle & pour pratique de se peigner tous les jours, & il ne faut jamais paroître devant qui que ce soit avec des cheveux mêlez & mal-propres, qu'on ait sur tout égard qu'il n'y ait point de vermine, ni de lentes. Cette précaution & ce soin est de conséquence à l'égard des enfans.

Quoi qu'il ne faille pas facilement mettre de la poudre sur ses cheveux, & que cela ressente un homme effeminé, il faut cependant prendre garde de n'avoir pas les cheveux gras. C'est pourquoi lors qu'ils le font naturellement, on peut les dégraisser avec du son, ou mettre de la poudre dans le peigne pour les rendre secs, & leur ôter, s'il se peut, leur humidité qui pourroit gâter le linge & les habits.

Il est trés-indécent de se peigner en compagnie; mais c'est une faute insuportable de le faire dans l'Eglise. C'est un lieu où l'on doit être trés-propre, pour le respect qu'on a pour Dieu : mais le même respect engage à n'y entrer qu'avec propreté.

Si saint Pierre & saint Paul deffendent aux femmes de se friser les cheveux, ils condamnent à bien plus forte raison ces sortes d'ajustemens dans les hommes, qui ayant naturellement beaucoup moins de penchant à ces sortes de vanitez que les femmes, doivent par conséquent en avoir beaucoup plus de mépris, & être bien plus éloignez de s'y abandonner.

Comme il n'est pas à propos d'avoir les cheveux fort courts ; car cela iroit à défigurer la personne, il faut aussi prendre garde qu'ils ne soient pas trop longs, & particulierement qu'ils ne tombent pas sur les yeux ; voilà pourquoi il est bon de les faire couper proprement de tems en tems.

Il y a des gens qui pour leur commodité, quand ils ont chaud, ou qu'ils ont quelque chose à faire, mettent leurs cheveux derriere leurs oreilles ou sous leur chapeau, cela est trés-mal honnête, & il est à propos de laisser toûjours pendre ses cheveux naturellement. Il est aussi de la modestie & de l'honnêteté de n'y pas toucher sans nécessité, & le respect qu'on doit avoir pour les autres, exige qu'on ne mette pas la main sur ses cheveux en leur présence.

Qu'on se garde donc bien de passer plusieurs fois la main platte sur la tête en pressant ses cheveux, de les étendre ou boucler de chaque côté avec les doigts, d'y passer les doigts au travers, comme pour les peigner, ou de les secoüer indécemment, en branlant la tête; ce sont toutes manie res que la commodité ou la groffiereté ont fait inventer, & que l'honnêteté, la modeftie & le refpect pour le prochain ne peuvent fouffrir.

Il eft encore bien plus contre la bienféance d'avoir une perruque mal peignée, que fes cheveux mal peignez. C'eft pourquoi ceux qui la portent, doivent avoir un foin tout particulier de la rendre propre, parce que les cheveux, dont elle eft compofée, n'ayant plus de foûtien par eux-mêmes, ont befoin d'être peignez & ajuftez avec beaucoup plus de foin que les cheveux naturels pour être tenus dans la propreté.

Une perruque eft beaucoup plus propre & bien plus convenable à la perfonne qui la porte, lors qu'elle eft de la couleur de fes cheveux, que quand elle eft ou plus brune ou plus blonde. Il y en a cependant qui la portent fi frifée, & d'un blond fi déchargé que cela fent plus la femme que l'homme.

Quoi qu'on ne doive pas fort négliger ces fortes de parures, lors qu'elles font en ufage ; il eft néanmoins contre la bien-féance & la fageffe d'un homme d'employer bien du tems, & de fe donner beaucoup de peine pour les rendre propres & les bien ajufter.

CHAPITRE IV.

Du Vifage.

LE Sage dit que c'eft à l'air du vifage qu'on connoît un homme de bon fens ; c'eft pour ce fujet que chacun doit faire enforte de compofer tellement fon vifage qu'i puiffe en même tems, & fe rendre aimable, & édifier le Prochain par fon extérieur.

Pour être agréable aux autres, il faut n'avoir
rien de severe ni de rebutant dans le visage ; il ne
faut pas aussi qu'il y paroisse rien de farouche ni
de sauvage, il n'y faut voir rien de leger , & qui
ressente l'écolier ; tout y doit avoir un air de gravité & de sagesse. Il n'est pas non plus bien-séant
d'avoir un visage mélancolique & chagrin ; il ne
faut jamais qu'il y ait rien qui ressente la passion ou
quelqu'autre affection déreglée.

Le visage doit être gay sans dissolution , ni dis-
sipation , il doit être serain , sans être trop libre ;
il doit être ouvert , sans donner des marques d'une
trop grande familiarité. Il doit être doux sans molesse & sans rien faire paroître qui tienne de la
bassesse ; mais il doit donner à tous des témoignages ou de respect ou au moins d'affection & de
bien-veillance.

Il est cependant à propos de composer son visage selon les differentes affaires & occasions qui se
présentent ; car comme on doit compâtir au prochain , & témoigner par ce qui paroît sur le visage , qu'on prend part à ce qui le touche, il ne
faut pas avoir un visage gay ni enjoüé, lors qu'on
apporte quelque nouvelle triste, ou qu'il est arrivé
quelque accident fâcheux à quelqu'un , & il ne
faut pas non plus avoir un visage sombre, lors
qu'on vient dire quelque chose d'agréable , & qui
doit donner de la joye.

A l'égard de ses propres affaires, un homme sage
devroit tâcher d'être toûjours le même , & avoir un
visage toûjours égal ; car comme l'adversité ne
doit point l'abattre, la prosperité ne doit point
aussi le rendre plus gay ; il doit avoir un visage
toûjours tranquile, qui ne change pas facilement
de disposition & de mouvement , selon ce qui

lui arrive d'agréable ou de desagréable.

Ces personnes dont le visage change à chaque occasion qui se présente, sont trés-incommodes, & on a bien de la peine à les supporter, tantôt ils paroissent avec un visage gay, tantôt avec un visage & un air mélancolique, quelquefois il marque de l'inquiétude, d'autres fois de l'empressement, tout cela fait reconnoître dans une personne qu'elle n'a point de vertu, & qu'elle ne travaille point à dompter ses passions, & que les manieres d'agir sont toutes humaines & naturelles, & nullement selon l'esprit du Christianisme.

Il ne faut pas non plus avoir un visage gay & libre à l'égard de toutes sortes de personnes.

Il est de l'honnêteté de faire paroître par son visage beaucoup de retenuë, lors qu'on se trouve avec des personnes à qui on doit un grand respect, & il est de la bien-séance d'avoir toûjours un air serieux & grave en leur presence. Il est aussi de la prudence de n'avoir pas un visage trop ouvert à l'égard des inferieurs, particulierement des domestiques ; & si on est obligé d'avoir de la douceur & de la condescendance pour eux, il est aussi de consequence de ne se pas familiariser avec eux.

Pour ce qui est des personnes avec qui on est libre, & avec qui on converse ordinairement, il est à propos d'avoir un visage plus gay avec elles, afin de donner par-là plus de facilité & d'agrément à la conversation.

Il est de la propreté de se nettoyer tous les matins le visage avec un linge blanc pour le décrasser. Il est moins bien de le laver avec de l'eau, car cela rend le visage plus susceptible du froid en hyver, & du hâle en été.

C'est manquer à l'honnêteté de se frotter & de

se toucher en quelque endroit du visage que ce
soit, avec les mains nuës, principalement quand
il n'y a pas de necessité ; s'il y a même quelque besoin de le faire, comme pour ôter quelque ordure,
il faut le faire legerement avec le bout du doigt,
lors qu'on est obligé d'essuïer son visage durant la
chaleur, on doit pour cela se servir de son mouchoir, & ne pas frotter bien fort, ni avec les
deux mains.

Il n'est pas bien-séant de souffrir des ordures ou
de la boüe sur son visage ; il ne faut cependant jamais le nettoyer en présence d'autres ; & s'il arrive
qu'on y en remarque, lors qu'on se trouve en compagnie, on doit se couvrir le visage avec le chapeau pour les ôter.

C'est une chose trés-messéante qui tient trop de
la vanité, & qui ne convient pas à des Chrêtiens
de mettre des mouches sur son visage, & de le far-
der en y mettant du blanc & du vermillon.

CHAPITRE V.

Du Front, des Sourcils, & des Joües.

IL est trés-indécent d'avoir le front ridé, c'est
ordinairement la marque d'un esprit inquiet &
mélancolique, & il faut prendre garde qu'il n'y
paroisse rien de rude, mais qu'il ait un air de sagesse, de douceur & de bien-veillance.

Le respect qu'on doit avoir pour les autres, ne
permet pas lors qu'on parle de quelqu'un qu'on se
frappe le front avec le bout du doigt, pour marque que c'est une personne arrêtée à son sens & à
son propre jugement, ou de frapper avec le doigt

courbé sur le front d'un autre, lors qu'on veut faire connoître qu'on a ce sentiment de lui.

C'est une familiarité indécente que deux personnes se frottent, ou se frappent le front, même par jeu, l'une contre l'autre, cela ne convient nullement à des personnes raisonnables.

Il est incivil de froncer les sourcils; c'est une marque de fierté, & il faut toûjours les avoir étenduës; les élever en haut, c'est un signe de mépris, & les abaisser sur les yeux, cela tient du mélancolique, il n'est pas à propos de les couper fort courts, car il est de la bien-séance qu'ils couvrent toute la chair, & qu'ils paroissent suffisamment.

Le plus bel ornement des Joües est la pudeur qui doit les faire rougir dans une personne bien née, quand on profere en sa presence quelque parole dés honnête, quelque mensonge, ou quelque médisance, il n'y a même que les insolens & les effrontez qui puissent mentir hardiment; ou dire ou faire quelque chose d'indécent, sans avoir les joües couvertes de rougeur.

Il est indécent de remuer trop les joües, ou de les avoir trop abbatuës, il l'est encore beaucoup plus de les enfler, & c'est un effet ou d'arrogance ou de quelque mouvement de colere fort violent.

Lors qu'on mange, il faut le faire de telle maniere que les joües n'en soient pas plus élevées, & il est fort contre l'honnêteté d'avoir pendans ce tems les deux joües toutes pleine de côté & d'autre, c'est une marque, que quand cela arrive, qu'on mange avec une extrême avidité, & cela ne peut être que l'effet d'une gourmandise tout-à-fait outrée.

Il ne faut jamais toucher ni ses joües, ni les joües d'un autre, comme pour le flater; il faut bien se garder de les pincer à qui que ce soit, quand ce seroit même à un enfant, cela est de trés-mauvaise grace.

Il ne faut pas non plus prendre la liberté de toucher sur la joüe, quand ce ne seroit que pour rire & par maniere de jeu ; toutes ces manieres d'agir sont des familiaritez, qui ne sont jamais permises.

Donner un soufflet sur la joüe, c'est faire une trés-grande injure à un homme, cela passe dans le monde pour un affront insupportable. L'Evangile conseille de le souffrir, & veut que les Chrétiens qui tâchent d'imiter Jesus-Christ dans sa patience, soient disposez & même tout prêts, aprés avoir reçû un soufflet, de présenter l'autre joüe pour en recevoir encore un second : mais il deffend de le donner, & ce ne peut être que la grande colere ou un sentiment de vengeance qui le fasse faire.

Un homme sage ne doit jamais lever la main pour donner sur la joüe, la bien-séance & l'honnêteté ne le permettent pas, non pas même à un domestique.

CHAPITRE VI.

Des Yeux & de la Vûë.

ON connoît si souvent, dit le Sage, par ce qui paroît sur les yeux, ce qu'une personne a dans le fond de son ame, & quelle est sa bonté ou sa mauvaise disposition, & quoi qu'on ne puisse pas s'en assûrer avec certitude, c'en est cependant une marque assez ordinaire. Ainsi l'un des premiers soins qu'on doit avoir pour ce qui regarde l'exterieur, est de bien composer ses yeux, & de bien regler sa vûë.

Une personne qui veut faire profession d'humilité & de modestie, & avoir un exterieur sage &
posé, doit faire ensorte d'avoir les yeux doux,
paisibles & retenus.

Ceux en qui la nature n'a pas donné cet avantage, & qui n'ont pas cet agrément, doivent tâcher d'en corriger le défaut par une contenance gaye
& modeste, & avoir égard de ne pas rendre leurs
yeux plus desagréables par leur négligence.

Il y en a qui ont des yeux affreux qui marquent
un homme ou en colere ou violent; il y en a
d'autres qui ont toûjours les yeux extrêmement ouverts, & qui regardent avec hardiesse; c'est l'ordinaire des esprits insolens qui n'ont de respect
pour personne.

Il s'en trouve qui ont des yeux égarez & sans
aucun arrêt, regardant tantôt d'un côté, & tantôt d'un autre, & c'est le propre d'un esprit leger.

Il s'en trouve aussi quelquefois qui ont les yeux
si fort attachez à un objet qu'il semble qu'ils le
veulent devorer des yeux, & cependant il arrive
souvent que ces sortes de personnes ne font pas la
moindre attention à l'objet qui leur est present,
& ce sont ordinairement des gens qui pensent for-
tement à quelque affaire qui leur est bien à cœur,
où qui ont l'esprit vague sans l'arrêter à rien de
déterminé.

Il y en a d'autres qui regardent fixement à terre, & quelquefois même de côté & d'autre, comme des personnes qui cherchent des yeux quelque
chose qu'ils auroient perduë; ce sont des esprits
inquiets & embarassez, qui ne sçavent que faire
pour se retirer de leur inquiétude.

Toutes ces manieres d'arrêter les yeux & de regarder, sont tout-à-fait contre la bien-séance &

l'honnêteté, & on ne peut les corriger qu'en tenant le corps & la tête droite, & les yeux mo-
destement baissez, & en tâchant d'avoir un exterieur libre & engageant.

Comme il n'est pas séant d'avoir la vûë trop
élevée; il ne faut pas aussi que ceux qui vivent
dans le monde ayent la vûë trop basse, car cela a
plus l'air d'un Religieux que d'un séculier : les
Ecclesiastiques néanmoins & ceux qui prétendent
de l'être, doivent tous paroître avec des yeux &
un exterieur tout-à-fait retenu. Car il est de la bien-
séance à ceux qui sont engagez ou qui ont dessein
de s'engager dans cet Etat, de s'accoutumer à la
mortification de leurs sens, & de faire paroître
par leur modestie, qu'étant consacrée à Dieu, ou
voulant se consacrer à Dieu, ils ont l'esprit occupé de lui & de ce qui le regarde.

La régle qu'on peut prendre à l'égard des yeux,
est de les avoir médiocrement ouverts, & à la portée de la grandeur de son corps, en sorte qu'on
puisse voir distinctement & facilement toutes les
personnes, avec qui on est ; il ne faut pas cependant attacher ses yeux fixement sur qui que ce soit,
particulierement sur des personnes de different sexe,
ou qui sont superieures, & s'il est à propos de regarder quelqu'un, il faut que ce soit d'une maniere naturelle, douce & honnête, & qu'on ne
puisse remarquer dans les regards aucune passion
ni affection déreglée.

Il est trés-incivil de regarder de travers, car
c'est un signe de mépris, & cela ne peut être permis tout au plus qu'aux maîtres à l'égard de leurs
domestiques, pour les reprendre de quelque faute
grossiere, dans laquelle ils seroient tombez, & il
est aussi de mauvaise grace de remuer les yeux in-

ceſſamment, de les cligner coup ſur coup ; cela eſt
d'un petit génie.

Il n'eſt pas moins contre la bien-ſéance que contre la pieté de regarder legerement & curieuſement
tout ce qui ſe preſente, & on doit faire en ſorte
de ne pas regarder de trop loin, & de ne regarder
que devant ſoi, ſans tourner ni la tête ni les yeux
de côté & d'autre, mais comme l'eſprit de l'homme eſt naturellement porté à tout voir & à tout
ſçavoir, il eſt bien neceſſaire de veiller ſur ſoi
pour s'en abſtenir, & d'adreſſer ſouvent à Dieu
ces paroles du Prophête Roi, *Mon Dieu, détour-
nez mes yeux, & ne permettez pas qu'ils s'arrêtent à regarder des choſes inutiles.*

C'eſt une grande incivilité de regarder par-deſſus
ſon épaule en tournant la tête, c'eſt mépriſer les
perſonnes avec qui on eſt, que d'en uſer ainſi.
C'eſt auſſi une trés-grande incivilité de regarder
par derriere & par-deſſus l'épaule d'un autre qui
lit, ou qui tient quelque choſe, pour voir ce qu'il
lit, ou ce qu'il tient.

Il y a quelques défauts touchant la vûë qui tiennent ſi fort de la baſſeſſe, ou de la legereté, qu'il
n'y a ordinairement que des enfans ou des éco-
liers, qui puiſſent être capables d'y tomber, quelques groſſiers que ſoient ces défauts ; on ne doit
pas être ſurpris qu'on les exprime ici, afin que
les enfans s'en donnent de garde, & qu'on puiſſe
veiller ſur eux pour les empêcher de s'y laiſſer
aller.

Il y en a quelquefois qui font des grimaces avec
les yeux, pour ſe rendre affreux ; il y en a d'autres qui contrefont les bigles & les louches, pour
faire rire les autres. On en vòid bien quelques-uns
qui éraillent leurs yeux avec leurs doigts, il s'en

trouve

;rouve auſſi qui regardent avec un œil fermé, comme font les Arbaleſtriers, lors qu'ils tirent au but; toutes ces manieres de regarder, ſont tout-à-fait inciviles & mal-honnêtes, & il n'y a point de perſonnes raiſonnables ni d'enfans bien nez, qui ne regardent toutes ces grimaces, comme choſes indignes d'un homme ſage, à joindre que l'on s'en fait une habitude.

CHAPITRE VII.

Du nez, & de la maniere de ſe moucher & d'eternuer.

IL eſt indécent de froncer le nez, & ce ſont ordinairement les railleurs qui le font; il eſt auſſi mal-honnête & incivil de le remuer; il ne faut pas même y toucher ni avec la main, ni avec les doigts nuds:

Il eſt de la bien-ſéance de le tenir fort net, il eſt trés-vilain de le laiſſer remplir de morve; il faut donc le nettoyer ſouvent, afin de le tenir propre; car le nez eſt l'honneur & la beauté du viſage, & il eſt la partie de nous même la plus apparente.

Il eſt trés-mal honnête de foüiller inceſſamment dans les narrines avec le doigt, & il eſt encore bien plus inſupportable de porter enſuite dans la bouche ce qu'on a tiré hors des narrines, ou même le doigt qu'on vient d'y mettre, eſt capable de faire mal au cœur à ceux qui le voyent.

Il eſt vilain de ſe moucher avec la main nuë, en la paſſant par-deſſous le nez, ou de ſe moucher ſur la manche, ou ſur ſes habits; & c'eſt une choſe trés-contraire à la bien-ſéance de ſe moucher avec deux doigts, & puis de jetter la morve à terre & d'essuyer ensuite ses doigts avec ses habits, car on sçait combien il est mal-séant de voir de telles ordures sur des habits, qui doivent toûjours être trés-propres, quelques pauvres qu'ils soient, parce qu'ils sont les ornemens d'un serviteur de Dieu, & d'un membre de Jesus-Christ.

Il y en a quelques-uns qui mettent un doigt contre le nez, & qui ensuite en soufflant du nez, poussent à terre l'ordure qui est dedans; ceux qui en usent ainsi, sont des gens qui ne sçavent ce que c'est que d'honnêteté.

Il faut toûjours se servir de son mouchoir pour se moucher, & jamais d'autre chose, & en le faisant, se couvrir ordinairement le visage avec son chapeau, ou au moins, si on est avec peu de personnes, & qu'on puisse facilement se détourner le visage de la vûë des autres, il faut le faire, & se moucher hors de leur présence.

On doit éviter, en se mouchant de faire du bruit avec le nez, de souffler trop haut avec les narrines, & de ronfler; car cela est de trés-mauvaise grace.

Lors qu'on est à table, il est à propos de se couvrir avec la serviette, & de se cacher le visage autant qu'on le peut, car il n'est pas là bien-séant de se moucher à découvert.

Avant que de se moucher, il est indécent d'être long-tems à tirer son mouchoir; & c'est manquer de respect à l'égard des personnes avec qui on est, de le plier en differents endroits pour voir de quel côté on se mouchera. Il faut tirer son mouchoir de sa poche, & se moucher promptement, & de maniere qu'on ne puisse presque pas être apperçû des autres.

Il faut bien se garder, après qu'on s'est mouché, de regarder dans son mouchoir, mais il est à propos de le plier aussi-tôt, & de le remettre dans sa poche.

Il n'est pas honnête de tenir son mouchoir à la main, ni de l'offrir à quelqu'un pour quoi que ce soit, quand même il seroit tout blanc, si cependant quelque personne le demande & presse de le donner, alors on peut le faire.

Lors qu'on se sent disposé à éternuer, il ne faut pas s'en empêcher, mais il est à propos de tourner tant soit peu son visage de côté & de le couvrir de son mouchoir, & puis éternuer le plus doucement & avec le moins de bruit qu'il est possible ; il faut ensuite remercier honnêtement la compagnie qui aura salué, en lui faisant la reverence.

Quant quelqu'un éternuë, il ne faut pas dire tout haut, *Dieu vous benisse*, ou *Dieu vous assiste*, on doit seulement, sans proferer aucune parole, se découvrir, & faire la réverence, & la faire profonde en se baissant tout bas, si c'est à l'égard d'une personne, à qui on doit beaucoup de respect.

C'est une pratique qui est assez en usage de prendre du tabac en poudre ; il est cependant beaucoup mieux de ne le pas faire, particulierement lors qu'on est en compagnie : & il ne faut jamais le faire, lors qu'on est avec des personnes, à qui on doit du respect ; mais il est très-indécent d'en mâcher, & de s'en mettre des feüilles dans le nez ; & il ne l'est pas moins de le prendre en pipe ; cela n'est pas même supportable de le faire en présence des femmes.

Si une personne qualifiée prend du tabac devant ceux qui sont avec elle, & qu'elle leur en présente, le respect qu'elles lui doivent, les em-

pêche de le refuſer, & s'ils ont quelque répugnance de le prendre par le nez, il ſuffit qu'ils en faſſent ſemblant.

Si la coutume de prendre du tabac peut être
permiſe aux hommes, étant ſi fort tolerée par l'uſa-
ge, elle ne doit pas avoir lieu à l'égard des femmes, & il eſt tout-à fait contre la bien-ſéance
qu'elles s'en ſervent.

Il eſt auſſi indécent à ceux qui en prennent,
d'avoir toûjours un mouchoir à la main, & de
leur voir un mouchoir plein d'ordures & de tabac;
ce qui cependant ne peut pas manquer d'arriver à
ceux qui prennent du tabac ſouvent par le nez.

Lors qu'on prend du tabac en compagnie, il
faut que cela ſoit rare, & qu'on n'ait pas toûjours
une tabatiere entre les mains, & les mains pleines
de tabac; on doit auſſi prendre garde qu'il n'en
tombe pas ſur le linge ni ſur les habits; car il
n'eſt pas honnête qu'on y en apperçoive, & afin
que cela n'arrive pas, il en faut prendre peu à
la fois.

CHAPITRE VIII.

De la Bouche, des Lévres, des Dents & de la Langue.

L A bouche ne doit être ni trop ouverte, ni
trop fermée; & lors qu'on mange, il ne faut
jamais avoir la bouche pleine, mais il faut manger avec une telle moderation qu'on puiſſe être en
état de parler facilement, & d'être entendu diſtinctement, lors qu'il s'en préſente quelque occaſion.

Il eſt de l'honnêteté que la bouche ſoit toûjours

nette, & il est à propos pour cela de la laver tous les matins ; il n'est pas cependant honnête de le faire ni à la table, ni en présence des autres.

La bien-séance ne permet pas d'avoir quoi que ce soit à la bouche, & ne veut pas qu'on tienne rien ni entre les lévres, ni entre les dents ; c'est pourquoi on ne doit pas y mettre, ni une plume, quand on écrit, ni des fleurs en quelque tems que ce soit.

Il est de mauvaise grace de serrer trop les lévres, ou même de les mordre, & il ne faut jamais les tenir entr'ouvertes, mais il est insupportable de faire avec les lévres des moües & des grimaces. La situation qu'on doit leur donner, est de les tenir toûjours jointes l'une contre l'autre doucement & sans contrainte.

Il n'est pas bien-séant de faire trembler ses lévres, lors qu'on parle, ni en aucune autre occasion ; il faut les avoir toûjours ferme, & ne les remuer ordinairement que pour manger ou pour parler.

Il y en a quelquefois qui élevent tellement la lévre d'en haut, & abbaisse si fort celle d'en bas, que leurs dents paroissent quelquefois même toutes entieres, cela est tout-à-fait contre la bien-séance, qui ne veut pas qu'on voye jamais les dents à découvert, la nature ne les ayant couvertes de lévres que pour les cacher.

On doit faire ensorte d'avoir toûjours les dents trés-nettes, car il est trés-mal-honnête qu'on les voye noires, crasseuses ou pleines d'ordures. C'est pourquoi il est à propos de les nettoyer de tems en tems, particulierement le matin aprés avoir mangé ; il ne faut cependant le faire à table & devant le monde ; ce seroit manquer & d'honnêteté & de respect.

Il faut bien prendre garde de se servir de ses ongles, ou de ses doigts, ou d'un coûteau pour nettoyer ses dents ; il est de la bien-séance de le faire avec un instrument fait exprés, qu'on nomme *Cure-Dents*, ou avec un bout de plume taillée à propos pour le faire, ou avec un gros linge.

C'est ne sçavoir ce que c'est que d'honnêteté de grincer ou de craquer les dents ; on ne doit pas aussi les serrer trop fort en parlant, ni parler entre ses dents, c'est un défaut qu'on doit beaucoup s'appliquer à corriger, en ouvrant fort la bouche, lors qu'on parle à quelqu'un.

C'est une incivilité trés-grande de se prendre une dent avec l'ongle du poulce pour exprimer un dédain & un mépris de quelque personne ou de quelque chose, & il est encore plus mal de dire en le faisant, *je ne m'en soucie non plus que cela.*

C'est une chose honteuse & indigne d'une personne bien née de tirer la langue par mépris, ou pour refuser ce qu'un autre demande, & il est mal-honnête de l'avancer sur le bord des lévres, & de la remuer en la faisant passer d'un côté à l'autre ; il n'est pas moins incivil de metre la langue ou la lévre d'en-bas, sur la lévre d'en-haut, pour en tirer de l'eau ou de la morve, qui séroit tombée du nez, & de la reporter ensuite dans la bouche, il seroit bon pour ceux qui sont assez mal élevez pour tomber dans cés sortes de défauts, se servissent d'un miroir pour s'en corriger ; car ils ne pourroient sans doute se voir faire des choses aussi mal-honnêtes, sans les condamner.

Il est donc de la bien-séance que la langue soit toûjours renfermée par les dents, & ne sorte jamais au-delà, car c'est là tout l'enclos que la nature lui a donné.

CHAPITRE IX.

Du Parler & de la Prononciation.

Comme le parler se forme de la bouche, des lévres, des dents & de la langue, il paroît que c'est ici le lieu où on en doit parler.

Pour bien parler & se faire entendre des autres, il faut ouvrir entierement la bouche, & prendre garde de ne se pas précipiter en parlant, & de ne pas dire un seul mot à l'étourdi & à la legere, cela empêche sur tout ceux qui sont d'un temperament actif, de bien prononcer.

Lors qu'on parle, il faut faire ensorte de prendre un ton de voix doux & posé, & assez élevé pour pouvoir être entendu de ceux à qui on parle, car on ne parle que pour se faire entendre. Il est cependant contre la civilité de crier en parlant, & de prendre un ton de voix aussi haut, que si on parloit à des sourds.

Une chose à quoi l'on doit bien prendre garde en parlant, est qu'il n'y ait rien de rude, ni d'aigre, ni de hautain dans la voix : à quelque personne qu'on parle, il faut toûjours le faire avec un air d'honnêteté & de bien-veillance.

C'est une chose ridicule de parler du nez, & afin que la mauvaise disposition du nez ne donne pas occasion de le faire, il faut prendre garde qu'il ne soit pas bouché, & qu'il soit toûjours fort net & sans ordure.

Ceux qui ont la langue grasse & qui veulent corriger ce défaut, doivent faire ensorte de fortifier leur voix en appuyant avec peine sur les lettres,

ou fur les fyllabes, qu'ils ne peuvent pas bien prononcer, cela leur rendra au moins la prononciation
plus aifée.

Il eft de conféquence de s'appliquer à corriger
ces défauts dans le bas âge, car il eft enfuite prefque impoffible de quitter l'habitude qu'on a prife
d'une certaine maniere de parler, & quoi qu'on
voye bien dans un âge plus avancé qu'elle eft mef-
féante & defagréable, on ne peut cependant s'en
défaire & en prendre un autre.

Il eft indécent de parler feul, c'eft même une
chofe qu'on ne doit faire ordinairement, & qui
ne peut convenir qu'à un homme paffionné ou fans
efprit, ou à quelqu'un qui médite quelque chofe
en lui-même, & prend des deffeins fur ce qui le
regarde, & des mefures pour l'exécuter.

Une chofe qui eft des plus importantes, quand
on parle, eft de bien faire fonner toutes les lettres
& toutes les fyllabes, & de prononcer tous les
mots féparement les uns des autres. Il faut auffi ne
pas manquer de prononcer la confonne qui finit
un mot, lorfque ce mot eft fuivi d'un autre qui
commence par une voyelle, & on ne doit pas au
contraire prononcer la confonne finale, lorfque la
premiere lettre du mot fuivant eft auffi une confonne.

Il y a deux fortes de défauts à éviter dans la
prononciation ; les uns regardent la prononciation
en elle-même, les autres regardent la maniere de
prononcer.

A l'égard de la prononciation dans les difcours
ordinaires, il faut qu'elle foit égale & uniforme,
& qu'on ne change pas à tout moment de ton,
comme feroit un Prédicateur. Il faut auffi qu'elle
foit toûjours ferme, enforte qu'on ne la baiffe pas
fur la fin des mots ; au contraire il faut prendre

à tâche de prononcer plus fermement la fin des mots & des périodes que le commencement, afin qu'on puisse être toûjours bien entendu ; il faut aussi qu'elle soit entiere , sans obmettre une seule lettre ni syllabe , qu'on ne la prononce tout-à-fait bien. Il faut enfin qu'elle soit tellement exacte, qu'on n'y change jamais une lettre en une autre.

Il y a de differentes sortes de manieres de prononcer trés-messéantes , il y en a qui prononcent d'une certaine maniere molle , lente & même languissante ; les gens qui prononcent ainsi, sont trés-desagréables, & il semble qu'ils ayent toûjours à se plaindre en parlant. Cette prononciation marque en eux beaucoup de lâcheté & de molesse dans leur conduite. Ce défaut est plus ordinaire & est aussi plus tolérable dans les femmes que dans les hommes, & il n'y en a point cependant qui ne doivent s'éforcer de s'en corriger,

Il y en a d'autres , dont la prononciation est pesante & grossiere , & c'est le propre des Païsans, ils ne peuvent corriger ce défaut qu'en adoucissant le ton de voix , & en ne faisant pas sonner si fort les mots & les syllabes.

Il y en a quelques-uns dont la maniere de prononcer est dure & brusque ; & cette maniere de parler est fort mal-honnête. Il faut pour s'en défaire parler toûjours doucement, avec attention, & en témoignant aux autres de la bien-veillance.

Quelques autres ont la prononciation aiguë & précipitée ; le moyen dont ils peuvent se servir pour la changer, est de prendre toûjours un ton de voix ferme, & s'étudier à prononcer toutes les syllabes distinctement & avec attention.

La prononciation Françoise doit être en même tems ferme, douce & agréable. Pour apprendre à bien prononcer, il faut commencer par parler peu, dire toutes les paroles les unes aprés les autres avec moderation, prononcer diſtinctement toutes les ſyllabes & tous les mots, il faut ſur tout ne converſer ordinairement qu'avec des perſonnes qui parlent purement, & qui prononcent bien.

CHAPITRE X.

Du Bâiller, du Cracher & du Touſſer.

IL eſt de la bien-ſéance de s'abſtenir de bâiller, lors qu'on eſt avec d'autres perſonnes, ſur tout, lorſque c'eſt des perſonnes à qui l'on doit du reſpect ; car c'eſt témoigner qu'on eſt ennuyé ou de la compagnie, ou des diſcours de ceux avec qui l'on eſt, ou qu'on en fait peu d'eſtime, ſi cependant on ne ſe trouve obligé de le faire par neceſſité, on doit alors ceſſer entierement de parler & mettre ſa main ou ſon mouchoir devant ſa bouche, & ſe tourner un peu de côté, afin de n'être pas apperçû en le faiſant par ceux qui ſont préſens. Il faut ſur tout prendre garde en bâillant de ne rien faire qui ſoit indécent ; il ne faut pas bâiller exceſſivement ; il eſt trés-mal-ſéant de le faire avec bruit, & encore plus de s'allonger & de s'étendre en le faiſant.

On ne doit pas s'abſtenir de cracher, & c'eſt une choſe vilaine d'avaler ce qu'on doit cracher ; cela eſt capable de faire mal au cœur.

Il ne faut pas cependant s'accoûtumer à cracher trop ſouvent & ſans neceſſité. Cela eſt non-ſeulement trés-mal-honnête ; mais cela dégoûte & incommode tout le monde ; il faut faire enſorte que le besoin en soit rare , lors qu'on se trouve en compagnie , principalement avec des personnes pour qui on doit avoir un respect particulier.

Il faut , quand on se trouve avec des personnes de qualité , & lors qu'on est dans des lieux qu'on tient propres , cracher dans son mouchoir en se tournant un peu de côté.

Il seroit aussi de la bien-séance que chacun s'accoutumât à cracher dans son mouchoir , lors qu'on est dans les maisons des Grands & dans toutes les places qui sont ou cirées ou parquetées ; mais il est bien plus necessaire de prendre l'habitude de le faire , lors qu'on est dans l'Eglise. Le respect qu'on doit avoir pour ces lieux consacrez à Dieu , & destinez à y rendre à Dieu le culte qui lui est dû , demande qu'on les tienne trés-propres , & qu'on y fasse honneur ; jusqu'au pavé même , sur lequel on marche ; & cependant il arrive souvent qu'il n'y a point de pavé de cuisine , ou même d'écurie plus sale que celui de l'Eglise , quoi qu'elle soit la demeure & la maison de Dieu sur la terre.

Aprés avoir craché dans son mouchoir , il faut le plier aussi-tôt sans le regarder , & le mettre dans sa poche.

Il est fort mal-honnête de cracher par une fenêtre , ou dans le feu , ou sur les tisons , ou contre la cheminée , ou même contre la muraille , ou en quelqu'autre endroit , sur lequel on ne puisse pas marcher sur le crachat. Il est aussi contre la bien-séance de cracher devant soi en présence des autres, ou de le faire de trop loin , ensorte qu'on soit obligé d'aller chercher le crachat pour marcher dessus.

On doit avoir beaucoup d'égard de ne jamais cracher sur ses habits , ni sur ceux des autres ; c'est

être ou bien mal-propre, ou bien peu circonspect
de le faire.

Il y a un défauts qui n'est pas moins considerable,
dont il faut bien se donner de garde, qui est de
ne pas jetter sa salive en parlant sur le visage de
ceux à qui on parle : cela est trés-indécent, &
tout-à-fait, incommode.

Quand on apperçoit à terre quelque gros crachat, il faut aussi-tôt mettre adroitement le pied
dessus ; si on en remarque sur l'habit de quelqu'un,
il n'est pas séant de le faire connoître, mais il
faut avertir quelque domestique de l'aller ôter,
& s'il n'y en a point, il faut l'ôter soi-même,
sans qu'on s'en apperçoive ; car il est de l'honnêteté de ne rien faire paroître à l'égard de qui que
ce soit, qui lui puisse faire peine, ou lui donner
de la confusion. Si quelqu'un a la bonté de nous
rendre ce bon office, il faut lui en témoigner une
reconnoissance toute particuliere.

Il y a quelques défauts touchant le cracher, ausquels on doit faire une attention trés-grande pour
n'y pas tomber. Il y en a qui font beaucoup de
bruit, & un bruit qui est même trés-desagréable
en tirant les flegmes & les crachats comme par
force du fond de la poitrine ; c'est ce qui arrive
plus ordinairement aux vieillards. Cette maniere
de cracher est fort mal-honnête. On doit avoir
égard pour n'être pas incommode aux autres de ne
pas faire de bruit, ou de n'en faire que trés-peu,
lors qu'on crache.

Il y en a d'autres qui tiennent long-tems des
crachats dans leur bouche ; cela est tout-à-fait contre la bien-séance qui veut qu'on crache aussi-tôt
qu'on a le crachat sur la langue.

Il y en a même quelquefois (ce qui n'arrive

pour l'ordinaire qu'à des enfans) qui pouffent avec leur langue des crachats & de la falive jufques fur le bord des lévres. Il s'en trouve qui crachent ex- prés fur d'autres, & il y en a qui crachent au plan- cher ou en l'air. Ces fortes de fottifes & d'imper- tinences font des incivilitez dont une perfonne bien née ne peut pas être capable.

On doit s'abftenir de touffer autant qu'on le peut, & il faut fur tout prendre garde de ne le pas faire à table, quand on parle a quelqu'un, ou que quelqu'un nous parle. On doit particulie- rement ce refpect à la parole de Dieu, lors qu'on l'écoute, afin auffi de ne pas empêcher les autres de l'entendre avec facilité. Mais il n'y a perfonne, qui lors qu'elle a befoin de touffer en compagnie, ne doive faire enforte de le faire rarement & fans beaucoup de bruit.

CHAPITRE XI.

Du Dos, des Epaules, des Bras & du Coude.

IL eft trés-indécent de baiffer le dos, comme fi on avoit un pefant fardeau fur les épaules; mais il faut s'accoûtumer & faire prendre l'habitude aux enfans de fe tenir toûjours droit. Il faut auffi évi- ter avec foin d'élever les épaules, & de fe faire un gros dos, & on doit avoir égard de ne pas te- nir les épaules de travers & de ne pas baiffer l'une plus que l'autre.

La bien-féance ne permet pas, quand on mar- che, de tourner les épaules de côté & d'autres, comme le balancier d'un horloge, ni d'avancer l'une devant l'autre. Cela a l'air d'un efprit fuperbe, & d'une personne qui s'en fait accroire.

Il ne faut pas aussi tourner le dos, ni même tant soit peu les epaules, quand on parle à quelqu'un ou que quelqu'un nous parle.

C'est une grande incivilité d'étendre & d'allonger les bras, de les tordre d'un côté ou d'un autre, de les tenir derriere le dos, ou de les mettre sur le côté, comme font quelquefois les femmes, lorsqu'elles sont en colere, & qu'elles disent des injures à d'autres.

Il ne faut pas aussi remuer les bras en marchant sous pretexte même par ce moyen d'aller plus vîte & de faire plus de chemin.

On ne doit pas aussi avoir les bras croisez; c'est une modestie propre aux Religieux, & qui ne convient pas à des séculiers. La posture qui leur est bien-séante, est qu'ils soient posez en devant legerement contre le corps, en tenant les deux mains l'une dans l'autre.

Il est tout-à-fait contre la civilité de s'accouder en écoutant quelqu'un qui nous parle, il l'est encore plus de le faire étant à table, & c'est beaucoup manquer de respect à l'égard de Dieu de tenir cette posture en le priant.

Qu'on se garde bien de frapper quelqu'un ou de le pousser avec le coude, quand ce ne seroit que par familiarité ou par badinerie; on ne doit jamais en user ainsi, quand on veut parler à quelqu'un, ni même lui porter sa main sur le bras.

C'est une maniere d'agir bien rustique, de rebuter quelqu'un qui vient à nous pour nous parler, en levant le bras, comme pour le fraber & pour l'éloigner de nous, ou en le poussant rudement avec le coude, la douceur, l'humilité & le respect pour le prochain doivent toûjours se faire paroître dans nôtre conduite.

CHAPITRE XII.

Des Mains, des Doigts & des Ongles.

IL est de la bien-séance d'avoir & de s'entrete-nir toûjours les mains nettes, & il est honteux de paroître avec des mains noires & crasseuses, ce-la ne peut être supportable qu'à des manouvriers & à des païsans : Pour avoir les mains nettes, & propres, il faut les nettoyer tous les matins, les laver exactement avant les repas, & toutes les fois qu'il arrive pendant le jour qu'on les a salies en fai-sant quelque ouvrage.

Il n'est pas décent aprés avoir sali ou lavé ses mains, de les essuyer à ses habits ou à ceux des autres, ou à une muraille, ou à quelque endroit qui puisse salir quelqu'un.

C'est prendre bien de la liberté de se frotter les mains en présence des personnes à qui on doit du respect, soit à cause du froid, soit par un sentiment de joye ou pour quelqu'autre raison, on ne doit pas même le faire, lors qu'on est avec ses amis les plus familiers.

Il est de mauvaise grace à des personnes du mon-de de cacher leurs mains sous leurs habits, ou de les avoir croisées lors qu'elles parlent à quelqu'un, ces contenances sentent plus le religieux que le sé-culier. Il n'est pas même bien-séant à qui que ce soit de mettre les deux mains dans les deux poches, & les mettre ou retenir derriere le dos, c'est une grossiereté qui tient d'un portefaix.

Il n'est pas honnête de donner des coups avec les mains en badinant avec quelqu'un, cela sent l'Eco-

lier, & ne peut être fait que par quelque enfant volage & sans conduite.

Quand on parle dans la conversation, il ne faut
ni frapper des mains, ni faire aucun geste, & on
doit bien se garder de toucher les mains de ceux
à qui on parle, ce seroit avoir bien peu d'honnêteté, & de respect à leur égard, & encore beaucoup moins de tirer les boutons, les glans, la cra-
vatte, ou le manteau à quelqu'un, ou même d'y
porter la main.

C'est donner à une personne un témoignage d'a-
mitié & d'union particuliere de mettre sa main
dans la sienne par maniere de civilité : C'est pour
ce sujet que cela ne se doit faire ordinairement,
que par des personnes qui sont égales, l'amitié ne
pouvant être qu'entre des personnes qui n'ayent rien
l'une au-dessus de l'autre.

Il n'est jamais permis à une personne qui doit
du respect à une autre de lui présenter la main
pour lui donner quelque marque de son estime ou
de son affection, ce seroit manquer au respect qu'on
seroit obligé d'avoir pour cette personne, & user
à son égard d'une familiarité trop indiscrette ; si
cependant une personne qui soit de qualité, ou qui
soit superieure met la main dans celle d'une autre
qui est de moindre qualité qu'elle ou qui lui est
inferieure, celle-ci s'en doit faire honneur, offrir
sa main aussi-tôt, & recevoir cette faveur comme un témoignage singulier de bonté & de bien-
veillance.

Quand on donne la main à quelqu'un pour marque d'amitié, il faut toûjours présenter la main
nuë, & il est contre la bien-séance d'avoir alors
le gland à la main, mais quand on la présente pour
retirer quelque personne de quelque mauvais pas,

ou même à une femme pour la conduire, il est de l'honnêteté de le faire le gand à la main.

C'est ne pas sçavoir ce que c'est que bien-séance de montrer au doigt, ou un lieu, ou la personne de qui on parle, ou quelqu'autre qui soit éloignée, c'est une liberté qu'une personne qui est honnête, ne doit pas se donner, de se retirer les doigts l'un après l'autre pour les alonger ou pour les faire cra- quer : c'est aussi une chose ridicule & qui tient du rêveur de joüer du tembour avec les doigts, & il est vilain de cracher sur ses doigts.

Une personne sage ne doit jamais donner des coups avec ses doigts, non plus qu'avec la main, & ces coups de doigts pliez, qu'on nomme chi- quenaude, lui doivent être tout-à-fait inconnu.

Il est très-à-propos de ne pas laisser croître ses ongles, & de ne pas les avoir remplis d'ordures; c'est pour ce sujet qu'il est bon de prendre pour pratique de les couper tous les huit jours, & de nettoyer tous les jours l'ordure qui se met dedans.

Il est indécent de les couper, lors qu'on est en compagnie, particulierement quand on est avec des personnes à qui on doit du respect, & il ne faut pas les couper avec un couteau, ni les ronger avec les dents, il faut pour les rogner proprement, se servir de cizeaux & le faire en particulier, ou on est avec des personnes avec qui on vit ordi- nairement, se détourner d'elle quand on les coupe.

Gratter une muraille avec ses ongles, même pour en tirer une espece de sable pour desseicher l'écriture, gratter des livres ou quelqu'autre chose qu'on tient en main, faire des rayes avec l'ongle ou sur de la carte, ou sur du papier, mettre l'on- gle dans quelque fruit ou dans quelqu'autre chose, se gratter soi-même, ou son corps, ou sa tête,

toutes ſes incivilitez ſont ſi indécentes qu'on ne
peut s'y laiſſer aller ſans baſſeſſe d'eſprit, & qu'on
ne doit y penſer que pour s'en donner de l'averſion.

CHAPITRE XIII.

Des parties du Corps qu'on doit cacher, & des neceſſitez naturelles.

IL eſt de la bien-ſéance & de la pudeur de couvrir toutes les parties du corps, hors la tête &
les mains, il eſt donc indécent d'avoir la poitrine
découverte, d'avoir les bras nuds, les jambes ſans
bas, & les pieds ſans ſouliers ; il eſt même contre
la loi de Dieu de découvrir quelques parties de
ſon corps, que la pudeur auſſi-bien que la nature
obligent de tenir toûjours cachées.

On doit éviter avec ſoin, & autant qu'on le peut
de porter la main nuë ſur toutes les parties du
corps qui ne ſont pas ordinairement découvertes,
& ſi on eſt obligé de les toucher, il faut que ce ſoit
avec précaution.

Comme nous ne devons conſiderer nos corps
que comme des temples vivans, où Dieu veut être
adoré en eſprit & en verité, & des tabernacles que
Jeſus-Chriſt s'eſt choiſi pour ſa demeure, nous devons auſſi dans la vûë de ces belles qualitez qu'ils
poſſedent, leur porter beaucoup de reſpect, & c'eſt
cette conſidération qui nous doit particulierement
engager à ne les toucher, & à ne les pas même regarder ſans une neceſſité indiſpenſable.

Il eſt à propos de s'accoûtumer à ſouffrir pluſieurs petites incommodités, ſans ſe tourner, frotter, ni gratter, ſans ſe remuer, & ſans tenir au-

cune autre posture qui soit indécente, car toutes ces sortes d'actions & de postures messéantes sont tout-à-fait contraires à la pudeur & à la modestie.

Il est bien plus contre la bien-séance & l'honnêteté de toucher ou de voir une autre personne, particulierement si elle est de sexe different, ce que Dieu défend de regarder en soi, c'est ce qui fait qu'il est très-indécent de regarder le sein d'une femme, & encore plus de le toucher, & qui n'est pas même permis de la regarder fixement au visage.

Les femmes doivent aussi-bien prendre garde de se couvrir décemment tout le corps, & de se voiler le visage, selon l'avis de saint Paul; puisqu'il n'est pas permis de faire voir en soi ce qu'il n'est pas libre ni décent aux autres de regarder.

Lors qu'on est couché, il faut tâcher de tenir une posture si décente & si modeste, que ceux qui approchent du lit, ne puissent pas voir la forme du corps, il faut aussi avoir égard de ne se pas découvrir de telle maniere qu'on fasse voir aucune partie de son corps nuë, qui ne soit très-décemment couverte.

Lors qu'on a besoin d'uriner, il faut toûjours se retirer en quelque lieu écarté, & quelqu'autres besoins naturels qu'on puisse avoir; il est de la bien-séance aux enfans mêmes de ne les faire que dans des lieux où on ne puisse pas être apperçû.

Il est très-incivil de laisser sortir des vents de son corps, soit par haut, soit par bas, quand même cé seroit sans faire aucun bruit, lors qu'on est en compagnie, & il est honteux & vilain de le faire d'une maniere qu'on puisse être entendu des autres.

Il n'est jamais séant de parler des parties du corps qui doivent toûjours être cachées, ni de certaines nécessitez du corps, auquel la nature a assujetti les hommes, ni même de les nommer; & si quelquefois on ne peut pas s'en dispenser à l'égard d'un malade ou d'une personne incommodée, on doit le faire d'une maniere si honnête, que les termes dont on se servira ne puissent en rien choquer la bien-séance.

CHAPITRE XIV.

Des Genoux, des Jambes & des Pieds.

LA civilité veut, que lors qu'on est assis, on tienne les genoux dans leur posture naturelle, & il est indécent de les serrer de trop prés, & de les beaucoup éloigner; mais il est sur tout de mauvaise grace de les croiser l'un sur l'autre, principalement lors qu'on se trouve avec des femmes.

Il sied trés-mal de remuer les jambes, quand on est assis; mais c'est une chose insupportable de les branler, on ne doit même jamais les souffrir dans les enfans, tant cela est contraire à la bienséance.

Mais les jambes l'une sur l'autre, cela est de trés-mauvaise grace, & on ne doit jamais le faire, quand ce seroit devant ses domestiques.

Il faut prendre garde de n'avoir pas les pieds suants, & qu'ils ne donnent pas de mauvaises odeurs, particulierement en Eté, car cela est quelquefois trés-incommode aux autres; afin que cet inconvenient n'arrive point, il faut avoir soin de se tenir toûjours les pieds fort nets.

Lors qu'on est debout, il est de la bien séance d'avoir les pieds à demi en dehors, & les talons séparez & éloignez environ de quatre doigts l'un de l'autre; il est indécent de remuer souvent les pieds, & il eſt encore plus de battre les pieds contre la terre, comme font les chevaux.

Les eſprits naturellement rêveurs ou legers, doivent beaucoup faire attention ſur eux-mêmes pour ne pas tomber dans ces ſortes de défauts.

C'eſt une poſture qui ſent le lâche de tenir les pieds étendus e devant, & de ſe tenir tantôt ſur un pied & tantôt ſur l'autre.

Il ne faut pas faire paroître lors qu'on eſt avec d'autres que l'on ſoit las d'être debout, comme on peut le juger par ces ſortes de poſtures, principalement lors qu'on ſe trouve avec des perſonnes qui ſont ou par leur qualité, ou par leur dignité ſuperieure.

Ce qu'il y a particulierement à prendre garde dans la contenance des pieds, lors qu'on eſt aſſis, eſt de ne les pas frapper à terre coup ſur coup, l'un aprés l'autre, comme ſi l'on battoit le tambourg, de ne les pas branler & de ne les pas remuer en badinant, cela eſt enfant, & ne doit pas même être ſouffert dans les enfans; de ne les pas auſſi croiſer l'un ſur l'autre, de ne les pas tourner, poſant le derriere du talon ou la cheville du pied à terre, & de ne pas lever en l'air le devant des pieds, mais de les poſer tous deux entierement à terre, & de les y tenir fixement arrêtez.

Il faut auſſi avoir égard de ne pas écarter les talons, & de ne pas poſer le devant & le bout des deux pieds l'un contre l'autre.

On peut faire des fautes conſiderables contre la bien-ſéance à l'égard des pieds, lors qu'on marche, car il eſt trés-indécent alors de traîner les pieds ou de les porter de travers; il faut auſſi bien prendre garde de ne les pas tenir trop en dehors; il eſt trés-meſſéant de marcher ſur la pointe des pieds il ne l'est pas moins de marcher en sautant comme si on dansoit, ou de se frotter des talons l'un contre l'autre; & il est tout-à-fait contre l'honnêteté & la modestie de frapper rudement avec les pieds la terre, le pavé ou le plancher.

Il faut bien se garder, lors qu'on est à genoux, de croiser ses pieds, on ne doit pas non-plus les serrer ni les trop écarter; il est honteux alors de se seoir sur ses talons, c'est la marque d'un cœur efféminé & d'une ame basse, & ce ne peut être que l'effet d'une grande lâcheté, & d'une molesse tout-à-fait sensuelle.

Il est bien mal-honnête, & c'est même une chose honteuse de donner des coups de pieds à d'autres en quelque partie du corps que ce soit, cela ne peut être permis à personne, non pas même à un pere à l'égard de ses domestiques.

Cette sorte de punition est d'un homme violent & passionné, & non pas d'un Chrétien qui ne doit avoir ni faire paroître que de la douceur, de la moderation & de la sagesse dans toute sa conduite.

LES REGLES

DE LA
BIEN-SEANCE.

ET

DE LA CIVILITE' CHRE'TIENNE.

SECONDE PARTIE.

De la Bien-séance dans les actions communes & ordinaires.

CHAPITRE PREMIER.

Du Lever & du Coucher.

Uoique la civilité ne régle rien touchant le tems qu'on doit être couché & l'heure à laquelle on doit se lever, il est cependant de la bien-séance de se lever dés le matin ; car outre que c'est un défaut de trop dormir, c'est une chose honteuse & insupportable, dit saint Ambroise, que le Soleil à son lever vous trouve dans le lit.

C'est aussi changer & renverser l'ordre de la

nature de faire du jour la nuit , & de la nuit le jour comme le font quelques-uns , c'est le démon qui engage à en user ainsi ; comme il sçait que les tenebres donnent occasion au peché , il est bienaisé que nous fassions nos actions pendant la nuit, suivons plûtôt l'avis de saint Paul , laissons , dit-il , les œuvres des tenebres & marchons , c'est-à-dire , agissons avec bien séance , comme il le faut faire durant le jour , servons-nous pour cela des armes de la lumiere , donnons la nuit au sommeil, & employons le jour à faire toutes nos actions : nous aurions sans doute de la honte & de la confusion de faire pendant que le Soleil luit des œuvres de tenebres , & de mêler dans nos actions quelque chose de déreglée , lorsque nous pouvons être vûs.

Il est donc tout-à-fait contre la bien-séance, selon que S. Paul nous l'insinuë , de se coucher , comme font quelques personnes dés le commencement du jour , & de se lever vers le midi , & il est trés-à-propos , tant pour la santé que pour le bien de l'ame , de ne se pas coucher plus tard que dix heures , & de ne se pas lever plus tard que six heures du matin, on doit alors se dire à soi-même ces paroles de saint Paul , & en avertir ceux que la paresse retient dedans le lit : *l'heure est venuë qu'il faut nous réveiller de nôtre sommeil , la nuit est passée & le jour est avancé*, afin de pouvoir ensuite adresser à Dieu ces paroles du Prophete Roi : *Mon Dieu , mon Dieu, je veille à vous dés le matin.*

Il n'est pas d'une personne sage de se faire appeller plusieurs fois pour se lever , ni d'hesiter long-tems à le faire : Aussi-tôt donc qu'on est éveillé il faut se lever promptement , &c.

Il est aussi bien indécent & peu honnête de s'a

mufer à caufer, à badiner, ou à joüer fur fon lit, le lit n'étant fait que pour délaffer le corps fatigué de travail & des occupations qu'on a eûës pendant le jour, il ne faut s'en fervir que pour repofer, & l'on ne doit plus par confequent s'y arrêter, lors qu'on n'a plus befoin de repos.

Il n'eft pas auffi à propos qu'un Chrêtien fe laiffe aller à ces fortes de divertiffemens & de badineries, qui effaceroient aifément les bonnes idées que l'on pourroit avoir dans l'efprit.

Auffi-tôt donc qu'on eft éveillé, il faut fe lever promptement & le faire avec tant de circoufpection, qu'aucune partie du corps ne paroiffe nuë, quand même on feroit feul dans fa chambre.

L'amour qu'on doit avoir pour la pureté auffi-bien que l'honnêteté doit engager ceux qui ne font pas mariez, à ne pas fouffrir qu'aucune perfonne de fexe different, entre dans la chambre où ils couchent, jufqu'à ce qu'ils foient entierement habillez, & que leur lit foit fait, c'eft pourquoi il eft à propos qu'ils ferment la porte de leur côté lors qu'ils font dedans.

Lors qu'on fort du lit il ne faut pas fe laiffer découvert, ni mettre fon bonnet de nuit fur quelque fiége ou en quelqu'autre endroit, d'où il puiffe être apperçû.

La bien-féance demande qu'on faffe fon lit avant qu'on forte de la chambre, ou s'il eft fait par d'autres, qu'au moins on le recouvre honnêtement & de telle maniere qu'il paroiffe comme s'il étoit fait, car il eft trés-indécent de voir un lit découvert & mal accommodé.

Il faut auffi avoir foin de vuider ou faire vuider fon pot de nuit dés qu'on eft levé, & on doit bien fe garder de le vuider par la fenêtre ou dans la

ruë, cela est tout-à-fait contre l'honnêteté. On doit
aussi faire ensorte de le tenir si net qu'il ne s'y amasse
point de crasse au fond, & qu'il ne puisse pas cau-
ser de mauvaises odeurs, c'est pour cela qu'il faut
le laver & rincer tous les jours.

Il est trés-incivil de faire paroître un pot de nuit
devant quelqu'un, lors qu'il y a de l'urine dedans,
& lors qu'on le va vuider ; c'est pourquoi il est
à propos de prendre si bien son tems pour cela, qu'on
ne soit ni vû ni apperçû de personne.

On doit être reglé dans le coucher aussi-bien
que dans le lever, & il n'est pas moins de conséquence de bien faire cette derniere action de la journée que la premiere.

Il est de la bien-séance de se coucher ordinairement au plus tard environ deux heures aprés le
souper.

Les enfans ne doivent pas aller coucher qu'ils
n'ayent été auparavant saluer leur pere & leur mere,
& qu'il ne leur ayent souhaitté le bon soir. C'est
un devoir & un respect que la nature veut qu'ils
leur rendent.

Comme on doit se lever avec beaucoup de modestie & donner en le faisant des marques de sa
pieté, on doit aussi pour le coucher d'une maniere
chrétienne, ne le faire qu'aprés avoir prié Dieu,
& avec l'honnêteté possible ; il faut pour cela faire
en sorte de ne se dés-habiller ni coucher devant
personne, on doit sur tout à moins qu'on ne soit
engagé dans le mariage, ne se pas coucher devant
aucune personne d'autre sexe, cela étant tout-à-fait
contre la pudeur & l'honnêteté.

Il est encore bien moins permis à des personnes
de sexe different de coucher dans un même lit,
quand ce ne seroit que des enfans fort jeunes, il

eſt auſſi de l'honnêteté que des perſonnes d'un même ſexe ne couchent pas enſemble : C'eſt ce que ſaint Français de Sales a recommandé à Madame de Chantal à l'égard de ſes enfans, lors qu'elle étoit encore dans le monde, comme une choſe d'une trés-grande conſequence, & qu'il regardóit autant comme une pratique de bien-ſéance, que comme une maxime de morale & de pieté chrétienne.

La bien-ſéance veut auſſi qu'en ſe couchant on ſe cache à ſoi-même ſon propre corps, & qu'on en évite les moindres regards ; c'eſt ce que les peres & les meres doivent beaucoup inſpirer à leurs enfans, afin de les aider à conſerver le tréſor de la pureté qui leur doit être trés-chere, & de ſe conſerver en même tems le veritable honneur d'être membre de Jeſus-Chriſt, & conſacré à ſon ſervice.

Auſſi-tôt qu'on eſt dans le lit, il faut ſe couvrir tout le corps, horſmis le viſage, qui doit toûjours être découvert ; il ne faut pas auſſi que pour une plus grande commodité on s'y mette dans aucune poſture indécente, ni que le prétexte qu'on en dormira mieux, l'emporte ſur la bien-ſéance ; il n'eſt pas ſéant d'y retirer ſes jambes, mais il faut les étendres, & il eſt à propos de ſe coucher, tantôt ſur un côté, tantôt ſur l'autre, car il n'eſt pas honnête de dormir étant couché ſur le ventre.

Lorſque par une neceſſité indiſpenſable on eſt contraint dans un voyage coucher avec quelqu'autre de même ſexe, il n'eſt pas bien-ſéant de s'en approcher ſi fort qu'on ſe puiſſe non-ſeulement incommoder l'un l'autre, mais même ſe toucher, & il l'eſt encore moins de mettre ſes jambes entre celles de la perſonne avec qui on eſt couché.

Il n'eſt pas non-plus honnête de parler lors qu'on

est couché, le lit n'est fait que pour se reposer; aussi-tôt qu'on y est, il faut s'y disposer à dormir.

On doit faire ensorte de ne faire aucun bruit, & de ne pas ronfler en dormant; il ne faut pas non plus dans le lit se tourner souvent de côté & d'autre, comme si on y étoit inquiet, & comme si on ne sçavoit de quel côté se mettre.

CHAPITRE II.

De la maniere de s'habiller & de se dés-habiller.

C'Est le peché qui nous a mis dans la nécessité de nous vétir & de couvrir nôtre corps d'habits : C'est pour ce sujet que comme nous portons toûjours avec nous la qualité de pécheurs, nous ne devons aussi jamais paroître, non seulement sans habits, mais sans être même entierement vétu, c'est ce qu'exige la pudeur aussi-bien que la Loi de Dieu.

Quoi qu'un trés-grand nombre de personnes se donnent la liberté d'être souvent en robe de chambre, sans aucun autre habit, & quelquefois même en pentoufle, & qu'il semble que pourvû qu'on ne sorte pas de la maison, il soit permis de tout faire en cet état; c'est cependant avoir un exterieur trop négligé de rester long-tems vétu de la sorte.

Il paroît être contre la bien-séance de prendre sa robe de chambre pour sa commodité aussi-tôt qu'on rentre chez soi, & de se faire voir en cet équipage : Il n'y a que des vieillards & des personnes incommodées à qui cela puisse être permis : Ce seroit même manquer de respect à l'égard de quelque personne qui ne fut pas inferieure de recevoir d'elle une visite en cet état.

Il est encore bien plut indécent de n'avoir point de bas en présence de quelqu'un, ou de n'avoir le corps couvert que de sa chemise ou d'un simple jupon, & il n'est pas supportable d'avoir un bonnet de nuit en tête lorsqu'on est hors du lit, à moins qu'on ne soit incommodé, puis qu'il n'est que pour s'en servir quand on repose. Il est trés-à propos de s'accoutumer à ne jamais parler à personne, si ce n'est à ses domestiques qu'on ne soit vêtu de tous ses habits ordinaires, cela est d'un homme sage & bien réglé dans sa conduite.

Il est aussi de l'honnêteté de s'habiller trés-proprement & de prendre d'abord les habits qui couvrent davantage le corps pour cacher ce que la nature ne veut pas qu'il paroisse. C'est ce qu'on doit toûjours faire par respect pour la Majesté de Dieu qu'on doit avoir continuellement devant les yeux.

Il y a des femmes ausquelles il faut des deux & trois heures, & quelquefois même des matinées entieres pour s'habiller, on pourroit dire d'elles avec justice que leur corps est leur Dieu, & que le tems qu'elles employent pour l'orner, elles le dérobent à celui qui est leur seul vivant & veritable Dieu, & au soin qu'elles sont obligées de prendre de leur famille & de leurs enfans, qu'elles doivent toûjours regarder comme des devoirs indispensables de leur état : Elles ne peuvent sans doute en user ainsi sans contrevenir à la Loi de Dieu.

Il est incivil & malhonnête de se déshabiller en présence des autres, & de se déchausser pour se chauffer les pieds nuds ; il n'est pas même séant, lors qu'on est en compagnie, de quitter les sou-

liers ou d'élever les pieds pour se chauffer plus facilement, cela arrive quelquefais à des personnes
qui cherchent leurs commodités, mais cela n'est
nullement de la bien-séance.

Il est encore bien plus mal-honnête en se déchauf-
fant, de faire sauter des ordures sur les personnes
qui sont presentes, & c'est une chose honteuse de
regarder dans ses bas, de les retourner, de les secoüer, d'en ôter l'ordure & de les décrotter en
présence & à la vûë de quelqu'autres personnes,
si ce n'est de ses domestiques, mais c'est quelque
chose de bien plus insupportable de jetter en se dé-
chaussant de l'ordure à quelqu'un dans le visage.

Comme il est de l'honnêteté, quand on s'habille,
de mettre toûjours d'abord les habits qui couvrent
davantage le corps, il est aussi de la bien-séance en
se déshabillant de quitter ces mêmes habits les derniers de tous, afin de n'être pas apperçû sans être
vêtu d'une maniere décente.

Lors qu'on se déshabille, il faut avoir soin de
placer ses habits proprement ou sur un siege, ou
en quelqu'autre endroit qui soit propre, où on
puisse facilement les retrouver le lendemain, sans
qu'on soit obligé de les chercher.

On pourroit les mettre sur son lit pendant l hyver si on n'avoit rien autre chose pour se couvrir;
mais en ce cas, il faut avoir soin de les retourner
afin de ne les pas salir, il seroit cependant plus à
propos de ne s'en pas couvrir.

CHAPITRE III.

Des Habits.

ARTICLE PREMIER.

De la propreté & de la mode des Habits.

LA propreté dans les habits est une des choses qui regardent le plus la bien-séance, elle sert même beaucoup à faire connoître l'esprit & la conduite d'une personne, elle donne aussi souvent une bonne idée de sa vertu qui n'est pas sans fondement.

Pour que les habits soient propres, il faut qu'ils conviennent à la personne qui s'en sert, & qu'ils soient proportionnez à sa taille, à son âge & à sa condition.

Rien n'est plus mal-séant qu'un habit qui ne convient pas à la taille de la personne qui le porte ; cela défigure tout un homme, particulierement lors qu'il est trop ample, & qu'il a ou plus de largeur, ou plus de longueur qu'il ne convient à la personne qui s'en sert. Il vaut mieux ordinairement qu'un habit soit plus court & plus étroit qu'il ne doit être, que d'être ou trop large ou trop long.

Il faut aussi, pour qu'un habit soit propre, avoir égard à l'âge de la personne pour qui on le fait ; car il n... pas de la bien-séance qu'un enfant soit vêtu comme un jeune homme, ni que l'habit d'un jeune homme ne soit pas plus orné que celui d'un vieillard.

Il seroit, par exemple, contre la bien-séance

qu'un garçon de quinze ans fût vêtu de noir, à moins qu'il ne fût Ecclesiastique, ou qu'il ne se disposât à l'être dans peu de tems ; il paroîtroit ridicule qu'un jeune homme qui pense à se marier, eût un habit aussi simple & aussi nud qu'un vieillard de soixante & dix ans, & ce qui convient à l'un n'est pas assurément propre à l'autre.

Il n'est pas moins de conséquence que la personne qui se fait faire un habit, ait égard à sa condition, car il ne seroit pas séant qu'un pauvre fût vêtu comme un riche, & qu'un roturier voulût être habillé comme une personne de qualité.

Il y a de certains habits, comme sont des habits unis, & d'un drap qui ne soit pas fort fin, & qui sont d'un usage commun, & dont presque tout le monde, hors les pauvres peuvent se servir, quoi qu'il paroisse plus de la bien-séance que les Artisans laissent les habits de drap pour les personnes qui sont d'une condition élevée au-dessus de la leur.

Pour ce qui est des habits qui ont quelque ornement, ils ne conviennent qu'à des personnes qui sont d'une condition distinguée.

Un habit galonné d'or ou d'une étoffe précieuse ne sied bien qu'à une personne de qualité ; & un roturier qui voudroit en porter un de cette nature, se feroit mocquer de lui ; outre qu'il feroit une dépense qui seroit sans doute desagréable à Dieu, étant au-dessus de ce que demande sa condition, & de ce que ses facultez lui peuvent permettre. Il seroit aussi très-indécent à un marchand de porter un plumet sur son chapeau, & une épée à son côté.

Les Femme doivent de même conformer leurs habits à leur condition, & s'il peut être tolerable à

une femme de qualité d'avoir une jupe brodée
d'or, cela ne convenant néanmoins gueres à une
Chrétienne, cela seroit impertinent à une Bour-
geoise; elle ne pourroit non plus avoir un collier
de perle fine, ou quelque diament considerable,
sans s'élever au-dessus de sa condition.

La trop grande négligence dans les habits n'est
pas moins à éviter que la trop grande curiosité.
Ces deux excés sont également blamables, l'affection est contraire à la Loi de Dieu qui condamne
le luxe & la vanité dans les habits & dans tous
les ornemens exterieurs. La négligence dans les
habits est une marque, ou qu'on ne fait pas d'attention à la présence de Dieu, ou qu'on n'a pas
assez de respect pour lui; elle fait aussi connoître
qu'on n'a pas de respect pour son propre corps,
qu'on doit cependant honorer comme le Temple
animé du Saint Esprit, & le Tabernacle, où Jesus-Christ a la bonté de vouloir bien se reposer
souvent.

Si on veut donc avoir un habit qui soit propre,
il faut suivre la coûtume du Païs, & s'habiller à
peu prés comme les personnes de sa condition &
de son âge. Il est cependant de conséquence de
prendre garde qu'il n'y ait ni luxe ni rien de su-
perflus dans ses habits, & on doit en retrencher
tout le faste & ce qui ressent la mondanité.

Ce qui peut le mieux régler la propreté des habits & la mode, on doit indispensablement la suivre; car comme l'esprit de l'homme est fort sujet
au changement, & que ce qui lui plaisoit hier,
ne lui plaît pas aujourd'hui. On a inventé, & on
invente tous les jours de differentes manieres de
s'habiller pour satisfaire cet esprit changeant; &
qui voudroit s'habiller aujourd'hui comme on s'ha-

billoit il y a trente ans , pafferoit pour ridicule &
pour fingulier. Il eft cependant de la conduite d'un
homme fage de ne jamais fe faire diftinguer en
rien.

On nomme *Mode* la maniere dont on fait les
habits dans le tems préfent ; on doit s'y conformer
auffi-bien dans le chapeau & dans le linge que dans
les habits , & ce feroit contre la bien-féance qu'un
homme portât un chapeau à haute forme & à grands
bords , lorfque tout le monde en a un d'une forme
baffe & de petit bord.

Il ne faut pas cependant donner d'abord dans
toutes les modes ; il y en a qui font capricieufes
& bizarres , comme il y en a qui font raifonna-
bles & bien-féantes , & de même qu'il ne faut
pas s'oppofer à celles-ci , il ne faut pas fuivre auffi
indifcretement les autres qui ordinairement ne font
fuivies que par un petit nombre de perfonnes , &
ne font pas de longue durée.

La régle la plus fûre & la plus raifonnable touchant les modes , eft de n'en être pas l'inventeur,
de n'être pas des premiers à s'en fervir , & de ne
pas attendre qu'il n'y ait plus perfonne qui les
fuive pour les quitter.

Pour ce qui eft des Ecclefiaftiques , leur mode
doit être d'avoir un exterieur & des habits conformes aux Ecclefiaftiques les plus pieux & les plus
réglés dans leur conduite , fuivant en cela l'avis
que donne Saint Paul de ne fe pas conformer au fiécle,

ARTICLE II.

De la Modeftie & de la Netteté des habits.

L E moyen de donner des bornes à la mode,
touchant les habits , & d'empêcher ceux qui

la fuivent de fe porter à des excés, eft de la fou-
mettre & la réduire à la modeftie qui doit être la
régle de la conduite d'un Chrétien dans tout ce
qui regarde l'exterieur. Pour avoir des habits mo-
deftes, il faut qu'il n'y ait aucune apparence de
luxe, ni de vanité. C'eft auffi une marque de baf-
feffe d'efprit que de s'attacher à des habits & d'en
rechercher d'éclatans & de fomptueux, & ceux
qui le font, fe rendent méprifables à toutes les
perfonnes de bon fens ; mais ce qui eft bien plus
confiderable, eft qu'ils renoncent publiquement aux
promeffes qu'ils ont contractées dans le Baptême
& à l'efprit du Chriftianifme ; ceux au contraire
qui méprifent ces fortes de vanitez, donnent des
marques qu'ils ont un grand cœur & un efprit fort
élevé ; ils font en effet paroître qu'ils s'appliquent
plus à orner leur ame de vertus, qu'à donner de
l'agrément à leur corps, & font connoître par la
modeftie de leurs habits la fageffe & la fimplicité
de leur ame.

Comme les femmes font naturellement moins
capables de grandes chofes que les hommes, elles
font auffi plus fujettes à rechercher la vanité & le
luxe dans les habits, que ne font pas les hommes.
C'eft pour ce fujet que faint Paul aprés s'être ap-
pliqué à exhorter les hommes d'éviter les vices les
plus groffiers, dans lefquels ils tombent plus facilement que les femmes, il recommande enfuite aux
femmes d'être modeftement vétuës, de fe parer de
pudeur & de chafteté, & de ne pas s'orner d'or,
ni de perles, ni d'habits fomptueux, mais d'être
habillez, comme le doivent être des femmes qui
montrent par leurs bonnes œuvres, qu'elles font
profeffion de pieté.

Aprés cette régle du grand Apôtre, il n'y a

rien à preſcrire aux Chrétiens que de la ſuivre, & d'imiter en cela les Chrétiens des premiers ſiécles qui édifioient tout le monde par la modeſtie & la ſimplicité de leurs habits.

Il eſt honteux aux hommes, comme il s'en trouve quelquefois d'être effeminez, que de ſe plaire à avoir des habits fort riches, & de vouloir ſe faire conſiderer par là ; ils devroient bien élever leur eſprit plus haut, en faiſant attention que les habits ſont des marques honteuſes du peché, & ſe regardant d'ailleurs comme nez pour le Ciel, ils devroient mettre leur ſoin à rendre leur ame belle & agréable à Dieu.

C'eſt le conſeil que ſaint Pierre donne aux femmes ; même en leur diſant de mépriſer ce qui paroît au dehors, & de ne ſe point parer du tout de riches habits ; mais d'orner au-dedans l'homme du cœur par la pureté incorruptible d'un eſprit tranquile & modeſte, qui eſt trés-riche devant Dieu.

Il faut particulierement avoir ſoin de tenir toûjours ſes habits fort nets ; la modeſtie & la bienſéance ne peuvent rien ſouffrir de ſale & de négligé. Ainſi ceux qui laiſſent leurs habits, leur chapeau, leurs ſouliers tout blanc de pouſſiere, pechent contre la modeſtie, auſſi-bien que ceux qui ſortent & qui paroiſſent au-dehors avec des habits crottez ; c'eſt toûjours en eux la marque d'une grande négligence.

Il eſt auſſi trés-meſſéant de ſouffrir de la graiſſe ou des taches ſur ſes habits, & les avoir ſales & déchirés ; c'eſt une marque d'un homme de baſſe condition & de peu de conduite.

On ne doit pas avoir le linge moins propre & net que les habits ; il faut pour cela prendre garde de ne pas laiſſer tomber de l'ancre ſur ſon linge

quand on écrit, & de ne le pas salir par sa négligence, soit en mangeant, soit en faisant quelqu'autre chose : il faut aussi en changer souvent, & au
moins tous les huit jours, & faire ensorte qu'il soit
toûjours blanc.

ARTICLE III.

Du Chapeau, & de la maniere de s'en servir.

LE Chapeau sert à l'homme pour orner sa tête aussi-bien que pour le garantir de plusieurs
incommoditez, le porter sur son oreille, le mettre
trop fort sur le devant de la tête, comme si on
vouloit cacher son visage, le porter sur le derriere de la tête, ensorte qu'il tombe sur les épaules,
sont toutes manieres ridicules & indécentes, mais
en relever le bord sur le devant aussi haut que la
forme, c'est une affectation de fierté qui n'est pas
supportable. Lors qu'on saluë quelqu'un, il faut
prendre son chapeau avec la main droite, & l'ôter
entierement de dessus sa tête, & d'une maniere qui
soit honnête, en étendant le bras jusqu'en bas,
& en tenant le chapeau par le bord, & le côté
qui doit couvrir la tête tourné en dehors ; si on
ôte son chapeau dans les ruës, ou en passant devant quelque personne pour la saluer, on doit le
faire un peu avant que d'être auprés d'elle, & ne
pas se recouvrir qu'on ne soit un peu éloigné de
cette personne ; si on saluë quelqu'un, en l'abordant,
il faut ôter son chapeau cinq ou six pas avant que
d'en approcher ; & lors qu'on entre dans une place, où il y a une personne de qualité, ou à qui
on doit beaucoup de respect, il faut toûjours ôter
son chapeau, avant que d'entrer dans cette place ;
si ceux qui sont dans la place sont debout & dé-

couverts, on eft obligé de fe tenir dans la même pofture; après avoir ôté fon chapeau avec bien de l'honnêteté, il faut tourner le dedans vers foi, & le mettre fous le bras gauche, ou devant foi fur l'eftomach du côté gauche; lors qu'étant affis, on eft obligé d'avoir le chapeau bas, il eft de la bien-féance de le tenir fur fes genoux, le dedans tourné vers foi, & la main gauche ou deffus ou deffous.

C'eft une grand incivilité, lors qu'on parle à quelqu'un de tourner fon chapeau, de gratter deffus avec les doigts, de battre le tambour deffus, de toucher la laiffe ou le cordon, de regarder dedans ou tout autour, de le mettre devant fon vifage, ou fur fa bouche, enforte qu'on ne puiffe pas être entendu en parlant; c'eft quelque chofe de bien plus vilain de mordre les bords, lors qu'on le tient devant fa bouche.

Les occafions dans lefquelles il faut fe découvrir, & ôter fon chapeau, font, 1. Lors qu'on fe trouve dans un lieu, où il y a des perfonnes confiderables, 2. Quand on faluë quelqu'un, 3. Quand on donne ou qu'on reçoit quelque chofe, 4. En fe mettant à table, 5. Quand on entend prononcer le faint Nom de Jefus, & de Marie, excepté lors qu'on eft à table; car alors il faut feulement baiffer la tête, 6. Lors qu'on eft devant des perfonne à qui on doit beaucoup de refpect, comme lors qu'on eft avec des Eccléfiaftiques, des Magiftrats, & d'autres perfonnes confidérables. A l'égard de fes perfonnes, on doit fe découvrir d'abord, mais il n'eft pas neceffaire de fe tenir découvert, à moins qu'on ne leur foit beaucoup inferieur : on doit auffi fe découvrir devant toutes les perfonnes qui font fuperieures, & ne pas fe recouvrir que par leur ordre; mais après s'être

couvert, il ne faut pas se découvrir à chaque parole qu'on dit, ou à chaque pas qu'on fait, cela
seroit importun & incommode aux personnes à qui
on parle aussi-bien qu'à la personne qui parle.

Il est contre la bien-séance de se découvrir,
lors qu'on est à table, à moins qu'il n'y survien-
ne quelque personne qui mérite beaucoup d'honneur.

Si cependant quelque personne de haute qualité
boit à la santé de quelqu'un, ou lui présente quelque chose, celui à qui elle s'adresse, doit se découvrir. S'il y a à table quelque personne de haute qualité, qui soit sans chapeau pour sa commodité, il ne la faut pas imiter ; cela seroit trop familier ; mais on doit toûjours demeurer couvert.

Lors que quelqu'un parle le chapeau bas, il faut
toûjours ordinairement le faire couvrir si on lui
est superieur, & on peut lui dire, *couvrez-vous,
Monsieur.* Cette maniere de parler n'est cependant
permise qu'à l'égard des personnes qui sont beaucoup au-dessous de soi.

Faire couvrir quelqu'un qui est au-dessus de soi,
c'est une trop grande incivilité. Cela se peut bien
faire à l'égard des personnes avec qui on est familier, & qui sont d'égale condition ; mais il ne faut
pas que ce soit par maniere de commandement,
ni qu'on se serve de paroles qui en expriment aucun : on doit le faire ou seulement par signe, &
se couvrir en même tems, ou par quelque circonlocution, en disant, par exemple : *Vous pourrez,
Monsieur, être incommodé d'être découvert ;* ou
se servant de paroles familieres, si on est avec
quelqu'un de ses amis, comme de celle-ci : *Ne vou-
lez-vous pas bien que nous nous couvrions.*

ARTICLE IV.

Du Manteau, des Gans, des Bas & des Souliers de la Chemise & de la Cravate.

L'Honnêteté demande qu'on porte le manteau sur les deux épaules, & qu'il pende par devant, & non pas qu'on le retrousse par dessus les bras; il est encore plus messéant de le replier par dessous le coude, & il est de la bien-séance de le garder à table.

Il ne faut pas entrer dans un lieu où sont des personnes considerables, enveloppé dans son manteau; dans les maisons des Princes on s'exposeroit à quelques réprimandes, ou même à en être chassé.

Il est incivil de tirer par le manteau ou par la robe une personne à qui on veut parler; particulierement si elle est de qualité ou superieure.

Il est dans la bien-séance d'avoir les mains dans ses gands, quand on marche par la ruë; quand on est en compagnie, & quand on va à la campagne, & il est indécent de les tenir dans sa main, les remüer & badiner avec, s'en servir pour donner des coups à quelqu'un; cela sent l'Ecolier.

Il faut ôter ses gands, quand on entre dans l'Eglise, avant que de prendre de l'eau benite, quand on veut prier Dieu, & avant que de se mettre à table.

Lors qu'on veut saluër quelqu'un, & lui faire une profonde réverence, comme pour baiser la main, il faut avoir alors la main nuë, & il suffit pour cela d'ôter le gand de la main droite; c'est aussi ce que la bien-séance veut que l'on fasse avant que de donner ou de recevoir quelque chose.

Il est incivil en compagnie de tirer & de metere inceſſamment ſes gands ; il eſt auſſi mal-honnête de les porter à ſa bouche pour les ronger ou les ſuccer, de les porter ſous le bras gauche, de mettre ſeulement le gand de la main gauche, & de tenir avec cette main le gand de la droite, ou de les mettre dans ſa poche, lors qu'on devroit avoir les mains dedans.

Il eſt trés-vilain de laiſſer tomber ſes bas ſur ſes talons, faute de les attacher : il faut avoir ſoin de les bien tirer, afin qu'ils ne faſſent pas de plis ſur la jambe ; & on ne doit jamais ſouffrir qu'ils paroiſſent tant ſoit peu déchirez, ou qu'il y ait quelque piece qui ſorte hors du ſoulier, ni qu'ils ſoient tellement ſerrez, qu'on puiſſe voir la jambe à travers.

A l'égard des ſouliers, il faut prendre garde qu'ils ſoient proprement ſerrez avec des boucles, ou liez avec des cordons.

Il eſt mal-honnête de mettre ſes ſouliers en pantoufle, ſoit dans la maiſon, ſoit dehors, & il eſt de la bien-ſéance de les avoir toûjours fort nets.

Il faut toûjours tenir ſes habits tellement fermez par devant, particulierement ſur la poitrine, que la chemiſe ne paroiſſe pas, & c'eſt une négligence qui ne ſeroit pas pardonnable de laiſſer tomber les manches de ſa chemiſe ſur le poignet, faute de les attacher, ou de laiſſer traîner les cordons de ſon caleçon ; ce ſeroit même s'attirer de la confuſion de laiſſer paſſer ſa chemiſe par quelque endroit.

La bien-ſéance ne ſouffre point qu'on ait le col nud & à découvert ; mais elle veut qu'on ait toûjours une cravate autour, lors qu'on paroit & lors qu'on eſt dans la maiſon, ſoit déshabillé, ſoit incommodé, qu'on y ait un mouchoir honnête pour le couvrir.

ARTICLE V.

De l'Epée, de la Baguette, de la Canne & du Bâton.

IL est trés-messéant, & tout-à-fait contre l'ordre d'une Police bien réglée, qu'un Bourgeois porte l'épée, à moins qu'il ne soit en voyage ou en campagne. Un enfant néanmoins la peut porter, s'il est gentil-homme.

Il est incivil de tourner le baudrier de son épée devant soi, & encore plus de mettre son épée entre ses jambes.

Il ne faut pas tenir la main sur la garde de son épée, lors qu'on parle à quelqu'un, ou qu'on se promene ; il suffit de l'y mettre, quand on est obligé de la tirer.

Quelque homme de cœur que puisse paroître celui qui est toûjours prêt à tirer l'épée, lors qu'on lui dit quelque parole de travers, ou qu'on lui veut faire quelque insulte, qu'il s'assûre cependant que cela n'est ni honnête ni Chrétien. Car ce n'est que la passion & l'amour d'un honneur vain & imaginaire, qui le fait agir ainsi. Il est donc contre la bien-séance d'être si prompt à se défendre de quelque injure, ou de quelque outrag , & les régles de l'Evangile veulent qu'on souffre patiemment les injures.

Jesus-Christ même commanda à saint Pierre de remettre son épée dans le fourreau, lors qu'il voulut s'en servir pour le défendre.

Quand on est assis, il faut placer son épée à son côté, en tirant le baudrier ou le ceinturon derriere soi le plus qu'on peut ; on doit faire la même chose, lors qu'on se met à table, & prendre garde

que l'épée soit derriere soi, ou tellement entre les
siéges qu'elle ne puisse incommoder personne ; il
n'est pas à propos de la quitter dans cette occasion.

Lors qu'on est obligé de quitter son épée, il
ne faut ni la quitter sans ses gands, ni la mettre
sur le lit avec ses gands, ce seroit commettre une
grande incivilité ; Il faut les placer dans un endroit commode qui soit hors de la vûë des personnes qui peuvent entrer dans la chambre, ou avec
qui l'on est.

S'il arrive que quelque personne de grande qualité entre dans le logis de quelqu'un qui a droit
de porter l'épée, il doit la recevoir les gands à la
main, & l'épée au côté ; pour ceux qui ne portent pas l'épée, il faut qu'ils ayent les gands en
main & le manteau sur les deux épaules.

La bien-séance engage quelquefois de se servir
d'une canne : mais ce ne peut être que la nécessité qui permette d'avoir un bâton en main.

Il est mal-séant de porter une baguette, ou une
petite canne chez les grands ; mais on y peut avoir
une grosse canne à la main, si on est incommodé,
ou qu'on en ait besoin pour se soutenir, ou pour
marcher avec plus de facilité.

Il est aussi trés-incivil de badiner avec une baguette ou une canne, & de s'en servir pour frapper la terre & les cailloux, ou pour faire sauter
des petites pierres ; il est tout-à-fait indécent de
la lever, comme si on vouloit frapper quelqu'un,
& il n'est jamais permis de s'en servir pour toucher quelqu'un avec, quand ce ne seroit que par
récréation.

Quand on est debout, il ne faut point s'appuïer
indécemment sur sa canne ni sur sa baguette, comme font les païsans. Il ne faut pas non plus la te-

nir ferme contre terre, comme on feroit d'un bâton qui marqueroit quelque dignité, ou quelque autorité dans la personne; il est à propos de la tenir suspenduë en l'air d'une maniere honnête & modeste, ou de la laisser toucher à terre sans s'y appuyer.

En marchant il est contre la bien-séance de porter une canne ou une baguette sous le bras; il ne l'est pas moins de la traîner négligemment dans la bouë, & il est ridicule de s'appuyer dessus d'une maniere qui ressente l'orgüeil & le faste; & lors qu'on fait des gestes & quelqu'autre chose, il est très-messéant de tenir une canne ou une baguette à la main gauche.

Lors qu'on est assis, il ne faut pas se servir d'une baguette ou d'une canne pour écrire sur la terre, ou pour y faire des figures; cela marque qu'on est ou rêveur ou mal-élevé; il n'est pas bon aussi de mettre sa canne sur des siéges; mais il faut la tenir devant soi d'une maniere honnête.

Avant que de se mettre à table, il ne faut jamais mettre sa baguette ou sa canne sur le lit, cela est incivil; mais il faut la placer hors de la vûë du monde; si on porte un bâton, ou peut l'appuyer contre la muraille. On doit toûjours quitter la baguette & la canne, lors qu'on quitte l'épée & les gands.

CHAPITRE IV.

De la Nourriture.

C'Est une inclination si naturelle à l'homme de chercher son plaisir dans le boire & dans le manger, que faint Paul exhortant les Chrétiens de faire toutes leurs actions pour l'amour & pour la gloire de Dieu, a crû être obligé d'exprimer, particulierement celle du boire & du manger, parce qu'il eſt trés-difficile de manger ſans offenſer Dieu, & que la plûpart des hommes ne mangent que comme des bêtes & pour ſe ſatisfaire.

Il n'eſt pas cependant moins contre la bien ſéance que contre les régles de l'Evangile de faire paroître que l'on a de l'attache au boire & au manger, & ce ſeroit ſelon l'expreſſion de Saint Paul, mettre ſa gloire dans ce qui nous doit être un ſujet de confuſion. C'eſt pourquoi il eſt d'un homme ſage de peu parler de cette action, & de ce qui la regarde ; & quand on eſt obligé d'en parler, on doit le faire ſobrement & avec circonſpection, enſorte qu'il paroiſſe qu'on n'y a aucune attache, & qu'on ne recherche nullement les morceaux. Il n'eſt pas honnête ni bien-ſéant, de parler d'une maniere avantageuſe d'un feſtin ou d'un repas où on s'eſt trouvé, ni de ceux où on eſt invité, & de prendre plaiſir à faire récit de ce qu'on y a mangé, ou de ce qu'on y doit manger.

L'un des plus grands reproches & des plus injurieux que les Juifs ayent pû faire, quoiqu'injuſtement, à Nôtre Seigneur, qu'il aimoit le vin & la bonne chere ; c'eſt auſſi l'un des plus ſenſibles qu'on puiſſe faire à un honneſte homme & avec ſujet ; car rien ne marque plus la baſſeſſe de ſon eſprit, & ce premier effet des excés de bouche, ſelon la parole de Jeſus-Chriſt, eſt qu'ils appeſantiſſent le cœur, & la ſuite funeſte de l'excés du vin, ſelon Saint Paul, eſt qu'il porte à l'impureté.

Il n'y a rien de plus contraire à la bien-ſéance

que d'avoir toûjours chez soi la nape mise : car
c'est faire connoître qu'on n'a rien plus à cœur,
& qu'on ne songe qu'à remplir son ventre, & en
faire son Dieu, comme le dit Saint Paul. En effet, cette table toûjours préparée est comme un
Autel continuellement disposé pour lui offrir des
viandes, qui sont les victimes qu'on lui sacrifie.

Il n'est pas moins contre l'honnesteté de manger
& boire à toute heure, & d'estre toûjours prest à
le faire ; cela sent le goinfre & l'yvrogne : au contraire le propre d'un homme sage & honneste, est
de régler l'heure & le nombre de ses repas, qu'il
n'y ait que quelque affaire pressée & extraordinaire,
qui puisse en changer le tems, ou qu'il n'y ait
l'obligation de tenir compagnie à quelque personne
qu'on n'attendoit pas, qui fasse quelquefois manger hors les heures réglées.

Comme il y a des gens qui tous les jours ou
au moins souvent ont des rendez-vous avec leurs
amis, pour déjeuner ou gouter ensemble, & qui
dans ces sortes de repas mangent & boivent avec
excés, il est du devoir d'un Chrétien qui veut mener une vie réglée, de se dégager de ces sortes de
compagnies.

La pratique la plus ordinaire des honnestes gens,
quand ils déjeunent, est de prendre un morceau
de pain, & boire un coup ou deux : hors de là,
il faut se contenter du dîner & du souper, comme il est en usage parmi les gens sages & réglez,
qui jugent que ces deux repas sont suffisans pour
satisfaire aux besoins de la nature.

Il est contre la bien-séance, & cela sent le pai-
san de présenter à boire à ceux qui nous rendent
visite & de les y exciter ; si ce n'est lorsque quelqu'un arrivant de la campagne échauffé a besoin

de ce petit soulagement : s'il arrive que quelqu'un nous en présente hors cette nécessité nous devons n'en pas prendre, & nous en excuser le plus honnestement qu'il nous sera possible.

Pour ce qui est des festins, il est quelquefois de la bien séance d'en faire & de s'y trouver ; mais ce ne doit estre que très-rarement & par une espece de necessité. C'est ce que saint Paul veut faire entendre, lors qu'il nous dit de ne pas vivre dans les festins ne soient pas ni magnifiques ni dissolus, c'est-à-dire, qu'il n'y ait pas une trop grande abondance & diversité de viandes, & qu'on n'y fasse pas d'excez : c'est en quoi les régles de la biet-séance s'accordent, soit avec celles de la morale chrétienne, dont il ne nous est jamais permis de nous éloigner, non pas même par complaisance & par condescendance pour le prochain ; car ce seroit une charité mal-réglée & un pur respect humain.

ARTICLE I.

Des choses qu'on doit faire avant que de manger, du Laver des Mains, de la Benediction de la Table, & de la maniere de s'asseoir à Table.

LA bien-séance demande qu'un peu avant que de manger, & de prendre ses repas, on lave ses mains, on benisse les viandes, & qu'on s'assoye à table. Elle prescrit aussi des manieres de bien faire ces actions.

Quoique, comme dit Nôtre Seigneur dans l'Evangile, ce ne soit pas une chose qui soüille l'homme que de manger sans avoir lavé ses mains, il est cependant de l'honnêteté de ne jamais manger sans l'avoir fait. C'est même une pratique qui a toûjours été en usage, & si Nôtre Seigneur la reprend dans les Juifs, ce n'est que parce qu'ils s'y attachoient si scrupuleusement qu'ils croient commettre une faute considerable, s'ils ne lavoient leurs mains avant que de manger, & qu'ils les lavoient même plusieurs fois, craignant d'estre souïllez, s'ils touchoient quelques viandes avec des mains tant soit peu sallies, lors qu'ils n'appréhendoient pas de se souïller par un grand nombre de crimes qu'ils commettoient. Jésus-Christ n'a donc nullement blâmé cette pratique, il n'en a condamné que l'excés.

L'ordre qu'on doit garder en lavant ses mains, est de le faire selon le rang que l'on tient dans la famille, ou si on mange en compagnie, selon le rang qu'on tient parmi les conviez.

L'usage cependant le plus ordinaire, est lors qu'on est avec des personne à peu prés égales, de se faire quelques déferences les uns aux autres avant que de laver les mains, mais de ne pas faire de grandes ceremonies pour cela, & de les laver presque tous ensemble.

S'il y a une ou plusieurs personnes qui soient dans la compagnie, d'une qualité distinguée, on ne doit nullement s'approcher du bassin pour laver les mains, qu'aprés qu'elles auront lavé les leurs; si cependant une personne superieure nous prend la main & nous prie de laver avec elle, ce seroit une incivilité de lui résister.

Lors qu'on lave ses mains, il faut se baisser tant soit peu pour ne pas salir ses habits & prendre garde de ne pas faire rejaillir d'eau sur personne.

Il est incivil de faire beaucoup de bruit avec les mains en les frottant fort, lors particulierement
qu'on

qu'on les lave étant en compagnie ; & s'il arrivoit qu'on eût les mains fort sales, il seroit à propos de prendre cette précaution de les laver en particulier dans quelqu'autre lieu, avant que de les laver avec la compagnie.

Si la personne qui présente de l'eau merite quelque honneur, on doit lui faire quelque signe d'honnesteté en présentant les mains pour recevoir de l'eau, & on ne doit pas manquer de faire quelque signe pour marquer qu'on en a versé suffisamment.

Lors qu'il n'y a personne pour prendre la serviette, il est de la bien-séance de la prendre aussitôt qu'on a lavé les mains, & il est de l'honnêteté avant que de les essuyer de la présenter à ceux qui les ont lavés, ou avant nous, ou avec nous, & de les prévenir en cela ; on ne doit jamais souffrir que la serviette demeure entre les mains d'une personne qui soit d'une qualité plus élevée, ou qui soit même superieure ; mais on doit la tenir par le bout, jusqu'à ce que cette personne s'en soit servie.

Il faut prendre garde en essuyant ses mains, de n'incommoder personne, & de ne pas tellement moüiller la serviette, que les autres ne puissent plus trouver un endroit qui soit sec pour y essuyer les leurs. C'est pourquoi il est de l'honnêteté de n'essuyer ses mains qu'en un seul endroit de la serviette ou de l'essuimain, dont on se sert pour ce sujet.

Aprés que tout le monde a lavé ses mains, tous doivent se mettre autour de la table & se tenir debout & découverts en grande modestie, jusqu'à ce qu'on ait donné aux viandes la bénédiction.

Il est trés-indécent à des Chrétiens de se mettre à table pour prendre leur repas, avant que les viandes ayent été benites par quelqu'un de la compagnie. Jesus-Christ qui doit être nôtre modéle en toutes choses ayant eu pour pratique dans ses repas, selon qu'il est raporté dans le saint Evangile, de benir ce qui étoit préparé pour servir de nourriture & à lui, & à ceux qui l'accompagnoient; en user autrement, c'est se conduire comme les bêtes.

Lors qu'il y a quelque Ecclesiastique dans la compagnie, il est de son devoir de donner la benediction avant le repas, & ce seroit faire injure à son caractere, si un Laïque, de quelque qualité qu'il fût, ôsoit entreprendre de benir les viandes en sa présence: ce seroit aussi contrevenir aux anciens Canons qui défendent même à un Diacre, & à bien plus forte raison à un Laïque, de benir en présence d'un Prêtre.

S'il n'y a point d'Ecclesiastique parmi les conviez, c'est au chef de la famille, ou au maître de la maison, ou à la personne qui a quelque qualité au-dessus des autres à donner cette benediction; il seroit cependant trés-mal séant qu'une femme le fist en présence d'un ou de plusieurs hommes. Lors qu'il y a quelque enfant présent, il arrive souvent qu'on lui donne la commission de s'acquitter de cette fonction, quelquefois même, lorsque personne ne veut benir les viandes à haute voix, chacun des conviez le fait en son particulier à voix basse: c'est cependant ce qui ne devroit jamais arriver.

Lors que la benediction est achevée, la bienséance veut qu'on observe ce que nôtre Seigneur ordonne dans le saint Evangile, qui est de se mettre à la derniere place & au bas bout de la table, ou qu'on attende qu'on nous donne une place, &
il est trés-incivil à des personnes qui ne sont pas

diftinguées par leur qualité de fe placer les premieres, ou de prendre les premieres places : pour
ce qui eft des enfans, ils ne doivent point s'affeoir,
que tous les autres ne foient placez. En s'affoyant,
on doit avoir la tête nuë & ne fe pas couvrir qu'on
ne foit tout-à-fait affis, & que les perfonnes les plus
confidérables ne foient couvertes.

Lors qu'on eft affis à table, la bien-féance veut
qu'on fe tienne droit fur fon fiége, & qu'on prenne garde de ne fe pas coucher fur la table, & de
ne pas s'y appuyer indécemment : il n'eft pas féant
de s'éloigner fi fort de la table qu'on ne puiffe
pas y atteindre, ou de s'en approcher de fi prés
qu'on la touche ; fur tout, il ne faut jamais pofer
fes coudes fur la table, mais on doit y être tellement difpofé, qu'on n'avance pas deffus plus que
les poignets.

L'un des principaux égards qu'on doit avoir,
lors qu'on eft à table, eft de n'incommoder perfonne, foit avec les bras, foit avec les pieds ; c'eft
pourquoi on ne doit alors, ni étendre, ni élargir,
ni les bras ni les jambes, ni pouffer avec le coude
ceux qui font auprés de foi, & s'il arrive qu'on
y foit ferré, il eft à propos de fe retirer un peu
en arriere pour fe mettre plus au large ; on doit
même fe preffer & s'incommoder pour accommoder les autres.

ARTICLE II.

Des chofes dont on doit fe fervir lors qu'on eft à Table.

ON doit fe fervir à table d'une ferviette, d'une
affiette, d'un coûteau, d'une cuillere, &
d'une fourchette ; & il feroit tout-à-fait contre

l'honnêteté de se passer de quelqu'une de toutes ces choses en mangeant.

C'est à la personne la plus qualifiée de la compagnie à déplier sa servitte la premiere, & les autres doivent attendre qu'elle ait déplié la sienne, pour déplier la leur. Lors que les personnes sont à peu prés égales, tous la déplient ensemble sans ceremonies.

En dépliant sa serviette, il faut la bien étendre sur ses habits, pour ne les pas gâter en mangeant, & il est à propos qu'elle couvre les habits jusqu'à la poitrine.

Il est mal-honnête de se servir de sa serviette pour s'essuyer le visage, il l'est encore bien plus de s'en frotter les dents, & ce seroit une faute des plus grossieres contre la Civilité, de s'en servir pour se moucher. C'est aussi une chose indécente de nettoyer les assiettes & les plats avec la serviette.

L'usage qu'on peut, & qu'on doit faire de sa serviette lors qu'on est à table, est de s'en servir pour nettoyer sa bouche, ses lévres & ses doigts quand ils sont gras, pour dégraisser le coûteau avant que de couper du pain, & pour nettoyer la cuillere & la fourchette aprés qu'on s'en est servi.

Lors que les doigts sont fort gras, il est à propos de les dégraisser d'abord avec un petit morceau de pain, qu'il faut ensuite laisser sur l'assiette, auparavant de les essuyer à sa serviette, afin de ne la pas beaucoup engraisser, & de ne la pas rendre mal propre.

Lorsque la cuillere, la fourchette ou le couteau sont sales, ou qu'ils sont gras, il est trés-mal-honnête de les lécher, & il n'est nullement séant de les essuyer, ou quelqu'autre chose que ce soit avec la nappe, on doit dans ces occasions & autres semblables se servir de la serviette. Et pour ce qui est de la nappe, il faut avoir égard de la tenir toûjours fort propre, & de n'y laisser tomber ni eau, ni vin, ni sucre, ni viande, ni rien qui la puisse salir.

Aprés avoir déplié sa serviette, il faut avoir soin qu'on ait son assiette devant soi, & que le coûteau, la fourchette & la cuillere soient à la main droite, afin qu'on les puisse prendre facilement & commodément.

Lors que l'assiette est sale, on doit bien se garder de la ratisser avec la cuillere ou la fourchette, pour la rendre nette, encore bien plus de nettoyer avec ses doigts son assiette, ou le fond de quelque plat, cela est trés-vilain, il faut ou n'y pas toucher, ou si on a la commodité d'en changer, se la faire desservir & s'en faire apporter une autre.

Lors qu'on change, ou qu'on ôte les assiettes, on doit laisser faire la personne qui s'acquitte de ces offices, sans disputer contre elle, & sans la renvoyer à une personne plus qualifiée, on doit toûjours se laisser desservir sans rien dire, & recevoir l'assiette qui est présentée.

S'il arrive cependant qu'en changeant les assiettes, on serve quelqu'un avant une personne qui lui est superieure, ou si on ne donne pas assez-tôt une assiette à cette personne, il faut alors lui présenter la sienne, & la lui donner, pourvû qu'on ne s'en soit pas encore servi.

Il ne faut pas, lors qu'on est à table, tenir toûjours le coûteau à la main, il suffit de le prendre lors qu'on veut s'en servir.

Il est aussi trés-incivil de porter un morceau de pain à la bouche, ayant le coûteau à la main; il l'est encore plus de l'y porter avec la pointe du

coûteau : Il faut obferver la même chofe, en mangeant des pommes, des poires, ou quelques autres fruits.

Il eft contre la bien-féance de tenir la fourchette
ou la cuillere à pleine main, comme fi on tenoit
un bâton ; mais on doit toûjours les tenir entre le
pouce & le fecond doigt.

Il ne faut auffi jamais les tenir de la main gauche, lors qu'on les porte à la bouche.

Il n'eft jamais permis de les lécher après avoir
mangé ce qui eft deffus, ou dedans ; mais on doit
prendre proprement ce qu'il y a, & en laiffer le
moins qu'on pourra.

Quand on prend le potage, ou quelqu'autre chofe avec la cuillere : il ne la faut pas trop emplir,
de crainte qu'il ne tombe quelque chofe fur les habits ou fur la nappe, car cela eft d'un gourmand,
il faut en tirer la cuillere hors de l'écuelle, du plat
ou de l'affiette, la gliffer legerement fur le pord,
pour faire tomber les gouttes de boüillon, qui pourroient refter deffous la cuillere.

On ne doit pas fe fervir de la fourchette pour
porter des chofes liquides, & qui pourroient répandre, c'eft la cuillere qui eft deftinée pour prendre
ces fortes de chofes.

Il eft de l'honnêteté de fe fervir toûjours de la
fourchette, pour porter la viande à fa bouche : car
la bien-féance ne permet pas de toucher avec les
doigts à quelque chofe de gras, à quelque fauce,
ou à quelque fyrop, & fi quelqu'un le faifoit, il
ne pourroit fe difpenfer de commettre enfuite plufieurs autres incivilitez, comme feroit d'effuyer
fouvent fes doigts à fa ferviette, ce qui la rendroit
fort fale & fort mal-propre, ou de les effuyer à
fon pain, ce qui feroit trés-mal-honnête, ou de

lécher ses doigts, ce qui ne peut être permis à une personne bien née & bien élevée.

Si on veut rendre une cuillere, une fourchette, un coûteau à quelqu'un qui les auroit prêté pour quelque besoin ; il est de la bien-séance de les bien nettoyer avec sa serviette, à moins qu'on ne les donne à quelque domestique, pour les laver au Bufet ; il faut ensuite les mettre proprement sur une assiette nette, pour les présenter à la personne de qui on les a reçûs.

ARTICLE III.

De la maniere dont on doit inviter, demander, recevoir ou prendre à manger lors qu'on est à Table.

IL n'est pas à propos que chacun se mêle d'inviter les autres à manger, lors qu'on est à table ; c'est au Maître ou a la Maîtresse de la maison à le faire, d'autres qu'eux ne doivent point prendre cette liberté. Cela se peut faire en deux manieres. 1. Par paroles, avec beaucoup d'honnêté, 2. En présentant des viandes qu'on sçait être, ou qui peuvent être le plus au goût des personnes à qui on les sert,

On doit avoir soin, lors qu'on traite quelques personnes, de les exciter & animer de tems en tems à bien manger, on doit le faire avec un visage & un air gai, qui persuade aux invitez, que c'est de bon cœur qu'on les traite : on ne doit pas cependant le faire trop frequemment, ni avec un fort grand empressement, cela seroit très-importun & incommode aux autres.

On peut aussi inviter les autres à boire, pourvû que ce soit honnêtement, modérement & sans les preſſer. Il faut bien ſe garder, dit le Sage, d'y exciter ceux qui aiment le vin, parce que le vin en a perdu pluſieurs, & que c'eſt une choſe honteuſe en même tems, de voir une perſonne qui s'eſt laiſſée aller à l'intemperance & à l'excés du vin.

Il ſemble même qu'il ſeroit mieux & plus ſelon la bien-ſéance chrétienne de n'inviter perſonne à manger, qu'en lui ſervant des viandes ſur ſon aſſiette, & de n'exciter perſonne à boire ; mais de prendre garde ſeulement qu'on en ſerve de tems en tems à ceux qui ſont à table, & en cas qu'ils s'abſtiennent d'en demander.

C'eſt une marque qu'on eſt ſujet à ſa bonche, de demander lors qu'on eſt à table, ce qui eſt le plus à ſon goût ; mais c'eſt une incivilité des plus groſſieres de demander le meilleur morceau.

Si celui qui ſert les viandes demande ce qu'on ſouhaite, on répond, ce qu'il vous plaira, ſans jamais rien demander en particulier. On peut cependant demander d'un met préferablement aux autres, pourvû que ce ne ſoit pas d'un met exquis ou extraordinaire, ou de quelque friandiſe ; il eſt cependant beaucoup mieux de ne rien demander du tout, ſoit en ſe ſervant ſoi-même, à ſoit, en attendant qu'on nous en préſente.

Lors qu'un autre préſente de quelques mets, & qu'on ne veut plus manger, il faut le remercier honnêtement, en lui faiſant connoître qu'on n'a plus beſoin de rien.

Comme il eſt incivil de demander quelque choſe, il eſt auſſi de la bien-ſéance de recevoir tout ce qui eſt préſenté, quand même on auroit de la répugnance à en manger : il ne faut jamais faire paroître qu'on a de la peine à manger de quelque choſe qui eſt ſur la table ; & il eſt tout-à-fait contre la bien-séance de le dire. Ces sortes d'aversions n'étant souvent qu'imaginaires : on pourroit s'en corriger facilement, si on vouloit se faire un peu de violence, particulierement pendant qu'on est jeune, & un moyen sans doute fort aisé de le faire, seroit de souffrir quelques jours la faim ; car la faim fait trouver tout bon, & souvent des choses, dont une personne ne peut se résoudre de manger, lors qu'elle n'a point faim, lui sont trés-délicieuses quand elle a faim. On doit aussi prendre garde de ne pas tant rechercher ses appetits ; mais il faut autant qu'il est possible s'accoûtumer à manger de tout, & pour cela se faire souvent servir des viandes pour lesquels on a de l'aversion, particulierement aprés avoir été quelque tems sans manger, & à moins que de prendre ces sortes de précautions, on se met en état, lors qu'on est à table, d'être bien incommode aux autres, sur tout à ceux qui traittent.

Si la répugnance qu'on a aux choses qui sont servies, est si grande, qu'on ne la puisse vaincre, on ne doit pas pour cela refuser ce qui est présenté; mais aprés l'avoir pris honnêtement sans faire semblant de rien, il faut le laisser sur son assiette, & quand les autres n'y prendront pas garde, se faire desservir, ce qu'on n'aura pû manger. Si ce qu'on reçoit à table est quelque chose de liquide ou de gras, il ne faut pas le recevoir avec la main, mais il est de la bien-séance de présenter son assiette en la tenant de la main gauche & tenant le couteau ou la fourchette de la main droite pour appuyer dessus ce qui est servi en cas de besoin, il faut recevoir avec action de graces ce qui est présenté en avançant son assiette vers sa bouche comme pour la baiser & faisant en même tems une honnête inclination.

Quand quelqu'un distribuë les viandes coupées,

il est incivil de tendre son assiette avec précipitation pour être servi des premiers. C'est une marque & un effet d'une grande gourmandise, il faut
attendre que celui qui sert en présente, & alors il
faut tendre son assiette pour recevoir ce qui est présenté. Si cependant celui qui sert passe le tour d'un
autre qui est au-dessous de nous, il est à propos de
nous excuser de prendre ce qui est offert, mais si
on est pressé de le prendre, on doit le présenter
incontinent soi-même à la personne qui aura été
passée, ou à la personne la plus qualifiée, à moins
que ce ne fût elle-même qui le présentât.

Si la personne qui présente, est ou superieure
ou plus qualifiée, il faut se découvrir la premiere
fois seulement qu'elle présente quelque chose, &
ne le plus faire ensuite.

Le pain, les fruits, les dragées, les œufs frais,
& les huitres à l'écaille peuvent se recevoir avec la
main, & on doit alors ne prendre ces choses qu'en
baisant la main, & l'avancer pour la commodité
de la personne qui les présente.

ARTICLE IV.

De la maniere de couper & de servir les viandes, & de se servir soi-même.

IL est trés-incivil de se mettre en peine de couper les viandes & de les servir, lors qu'on est à
la table d'une personne superieure, à moins qu'elle
ne le commande, quand même on sçauroit parfaitement bien s'en acquitter. C'est au Maître ou à la
Maîtresse de la maison de le faire, ou a ceux de la
compagnie qu'ils prient de se donner cette peine.

Si on prie quelqu'un de couper les viandes, qui
ne le sçache pas faire : il ne doit pas avoir de honte,

ni fe faire de la peine de s'en excufer ; mais fi c'eft
quelqu'un qui le fçache faire, aprés avoir coupé les
viandes, il les laiffera dans le plat, afin que chacun en prenne, ou il pourra les fervir, fi le Maître
l'en prie, ou bien il fera paffer le plat devant le
Maître ou la Maîtreffe de la maifon, afin qu'ils
les diftribuënt felon leur volonté.

Si cependant la table eft fort grande, & qu'il n'y
ait pas de facilité à une même perfonne de fervir
tous les conviez, on pourra fervir feulement ceux
qui font auprés de foi.

Les jeunes gens & ceux qui font de moindre confideration, ne doivent pas fe mêler de fervir les autres ; mais ils doivent feulement prendre pour eux
de ce qui eft devant eux, ou recevoir ce qu'on leur
préfente avec honnêteté, & avec action de graces.

Quand on fert les autres à table, il eft de la bien-
féance de leur donner tout ce dont ils peuvent avoir
befoin, même des viandes qui font proche d'eux.

Il faut auffi toûjours leur donner les meilleurs
morceaux, qu'il n'eft jamais permis de prendre pour
foi, & préferer les perfonnes les plus qualifiées à
celles qui le font moins, les fervant les premiers, &
leur donnant de ce qu'il y a de meilleur fans toucher à rien qu'avec la fourchette ; fi quelqu'un demande à un autre de quelque mets qui foit devant
lui, il doit en ufer de même.

Afin qu'on puiffe ne pas prendre pour foi les
meilleurs morceaux, ce qui pourroit quelquefois arriver par méprife, faute de le fçavoir, & qu'on
puiffe les fervir à propos à ceux à qui il convient,
on a crû qu'il feroit bon de les faire ici connoître,
pour donner occafion de ne s'y pas tromper.

À l'égard du boüilli, la poitrine du Chapon ou
de la Poulle, paffe pour le meilleur endroit, & on

eſtime les cuiſſes meilleures que les aîles ; dans une piece de Bœuf, & qui eſt plus entre-lardé de gras & de maigre, eſt toûjours le meilleur.

Les Pigeons rôtis ſe ſervent tout entiers, ou ſe coupent au travers par la moitié. Dans tous les oiſeaux qui grattent la terre avec les pieds, les aîles ſont les plus délicates ; mais les cuiſſes valent mieux dans les oiſeaux qui volent en l'air. Dans les Cocqs-d'Indes, les Oyes & les Canards, ce qui eſt le meilleur eſt le deſſus de la poitrine, qui ſe coupe en long ; dans un Cochon de lait, ce qui eſt le plus eſtimé eſt la peau & les oreilles ; dans les Liévres, les Levraux & les Lapins, ce qui eſt le plus recherché eſt le rable, les cuiſſes, & ce qui eſt au côté de la queuë, & aprés les épaules.

Dans une Longe de Veau, le meilleur eſt le plus charnu, mais le rognon eſt ce qu'il y a de plus excellent.

Ce qu'on eſtime le plus dans les Poiſſons, eſt la tête, & ce qui en approche le plus. Pour ce qui eſt des Poiſſons qui n'ont qu'une épine qui va tout du long, comme ſont la Vive & la Sole, le milieu eſt ſans contredit le meilleur.

Si on préſente quelque choſe qui ſe doive prendre avec la cüillere, il eſt trés-mal-honnête de le prendre avec la ſienne, ſi on s'en eſt déja ſervi ; mais ſi on ne s'en eſt pas encore ſervi, on doit prendre avec ce que l'on doit préſenter, puis le mettre ſur l'aſſiette de celui à qui on préſente quelque choſe, & enſuite en demander une autre pour ſoi.

S'il arrive que celui qui a prié de ſervir ait mis ſa cuillere ſur ſon aſſiette, en l'envoyant, ou en la préſentant, il faut alors s'en ſervir & non pas de la ſienne propre.

Quand quelqu'un qui eſt éloigné demande quelque chofe, il faut lui préfenter ce qu'il demande fur une affiette nette, & jamais avec le coûteau, la fourchette, ou la cuillere tout feul.

Lors qu'on préfente quelque chofe où il y a de la cendre, il ne faut pas fouffler deffus, pour en ôter la cendre ; mais il eft à propos de le nettoyer avec le coûteau avant que de le fervir ; car le fouffle de la bouche eft capable de dégoûter les perfonnes, & en foufflant, on s'expofe à jetter de la cendre fur la nappe, ou fur le plat.

Il n'eft pas honnête, lors qu'on eft invité chez un autre de fe fervir foi-même, à moins que le Maître du feftin ne prie d'en ufer librement, ou qu'on ne foit fort uni & fort familier avec lui.

Lors qu'on fe fert foi-même, il eft fort incivil de faire du bruit avec le coûteau, la cuilliere ou la fourchette, en prenant quelque chofe dans le plat, mais on doit le prendre avec tant de retenuë & de fageffe, qu'on ne puiffe prefque pas être apperçû, & encore moins entendu des autres.

On doit toûjours fe fervir du coûteau pour couper la viande, & en la coupant l'arrêter avec la fourchette, dont on doit ufer auffi pour porter fur fon affiette le morceau qu'on aura coupé, il faut bien fe garder de prendre la viande avec la main, & d'en prendre un trop gros morceau à la fois.

La bien-féance ne permet pas de chercher dans le plat, en retournant les morceaux qui font le plus à fon goût, elle ne permet pas non plus de prendre les derniers morceaux, ni ceux qui font les plus éloignez, mais elle veut qu'on prenne ce qui eft devant foi ; car il eft de mauvaife grace de tourner le plat pour y prendre ce qu'on fouhaite, cela ne fe peut faire que par ceux qui fervent les autres, qui ne doivent pas même le faire que rarement,

& d'une maniere fort sage.

C'est aussi une grande incivilité, d'étendre le bras par-dessus le plat qui est devant soi, pour atteindre à quelqu'autre, il faut en demander ; mais il vaut bien mieux attendre qu'on en serve.

Il faut prendre en une fois ce que l'on veut manger, & il est trés-indécent de mettre deux fois la main de suite au plat, il l'est bien plus de l'y mettre pour prendre morceau à morceau, ou de tirer la viande par lambeau avec la fourchette.

Lors qu'on veut prendre quelque chose dans le plat, il faut auparavant essuyer sa cuillere ou sa fourchette, avec laquelle on veut la prendre si on s'en est déja servi.

Il est bien incivil, & il est même trés-honteux de recurer les plats avec du pain, ou de les rendre si nets, soit avec la cuilliere, ou avec quelqu'autre chose, qu il n'y reste plus du tout, ni sauce, ni viande, il n'est pas moins mal-honnête d'y tremper du pain dans la sauce, ou de prendre le reste de la sauce dans la cuillere, il est trés-vilain de la prendre avec ses doigts.

Si chacun prend au plat, il faut bien se garder d'y mettre la main, que les personnes les plus considerables de la compagnie ne l'y ayent mis, ou de prendre ailleurs qu'à l'endroit du plat qui est vis-à-vis de soi.

Il est mal-séant de toucher le poisson avec le coûteau, à moins qu'il ne soit en pâte ; on le prend ordinairement avec la fourchette, & on le sert de même sur une assiette.

Les olives se prennent non pas avec la fourchette, mais avec la cuillere, toutes sortes de tartes de confitures & de gâteaux, aprés avoir été coupez sur le plat ou sur le bassin où on les a servis, se

prennent avec le plat du coûteau qu'on met par-
dessous, & se présentent ensuite sur une assiette.

Les cerneaux se prennent dans le plat avec la
main, ainsi que les autres fruids cruds, & les confitures séches ; & il est de la bien-séance de peler
presque tous les fruids cruds, avant que de les présenter, & de les couvrir ensuite bien proprement
de leur pelure ; on peut cependant les présenter
sans les peler.

Lors qu'on coupe des citrons & des oranges, on
les coupe en travers ; pour ce qui est des pommes
& des poires, on les coupe en long.

Il ne faut pas lors qu'on est à table, paler beaucoup de la qualité des viandes, si elles sont bonnes ou mauvaises, ni dire facilement son sentiment
sur les assaisonnemens & sur les sauces ; car ce seroit faire paroître qu'on prend bien du plaisir dans
la bonne chere, & qu'on se plaît à être bien traité,
ce qui est la marque d'une ame sensuelle, & de
trés-basse éducation.

Il est cependant de la civilité de témoigner toûjours qu'on est trés-satisfait & content de ce qui est
servi, & qu'on le trouve bon ; & si le Maître du
festin demande à quelqu'un son sentiment sur les
mets qui sont servis, & sur les viandes qui sont
présentées, on doit toûjours répondre le plus honnêtement & le plus avantageusement qu'il est possible, afin de ne lui pas donner sujet de se faire
de la peine, comme il arriveroit, si quelqu'un faisoit paroître que les viandes ne sont pas à son goût,
ou sont mal apprêtées.

Il est de mauvaise grace de se plaindre que les
viandes ne sont pas bonnes, ou qu'elles sont mal assai-
sonnées ; comme par exemple, qu'elles soient trop
salées, ou trop poivrées, ou qu'elles soient trop chau-

des, ou trop froides, ces discours ne sont capables
que de faire de la peine à la personne qui traite, qui
n'est pas ordinairement la cause de ces accidens, &
quelquefois même ne s'en apperçoit pas; il n'est pas
moins messéant de donner de grandes loüanges aux
viandes & à tout ce qui est servi, & de donner
des marques par de tels discours qu'on se plaît à
faire bonne chere, & qu'on se connoît aux meilleurs morceaux, car c'est montrer qu'on est gourmand & sujet à son ventre.

ARTICLE V.

De la maniere de manger, pour le faire honnêtement.

LE Sage donne plusieurs avis importans, touchant la maniere, dont on doit se comporter
lors qu'on est à table, pour y manger avec honnêteté & avec bien-séance. Il avertit qu'aussi-tôt qu'on
est assis à table, on ne doit pas se laisser aller à l'intemperance de sa bouche, en regardant les viandes
avec avidité, comme si on devoit manger tout ce
qui est sur la table & ne rien laisser aux autres.

2. Il dit qu'on ne doit pas porter le premier ses
mains aux viandes, on doit aussi laisser cet honneur
& cette marque de prééminence à la personne la
plus qualifiée de la compagnie.

3. Il deffend de s'empresser pour manger, il est
aussi trés-incivil de manger avec précipitation, cela
sent le gourmand.

4. Il veut que chacun use comme un homme
tempérant, de ce qui est servi n'en mangeant qu'avec
beaucoup de retenuë & de modération, quoiqu'on
en puisse prendre autant qu'on en aura besoin.

Il exhorte à déferer beaucoup aux autres, lors qu'on est à table, & ne pas porter la main au plat en même tems qu'eux ; c'est ce qu'éxige aussi la bien-séance.

Il ordonne qu'on cesse le premier de manger par modestie, c'est ainsi que doit se conduire une personne sobre, qui fait profession de suivre dans le manger les régles de la temperance ; & la raison qu'en donne le Sage, est qu'on ne doit pas exceder dans le manger, de peur de tomber en faute.

Il ajoûte, pour engager à toutes ces pratiques d'honnêteté & de sobriété, que celui qui mange peu, aura un sommeil de santé, & qu'au contraire, l'insomnie, la colique & les tranchées sont le partage de l'homme imtempérant.

La civilité ne nous prescrit rien de plus précis touchant la maniere de manger, que ces régles que le Sage nous donne, pour nous conduire honnêtement dans cette action, qui en effet demande de nous, tant & de si grandes précautions pour la bien faire.

Elle ne veut pas lors qu'on mange, qu'on mette un morceau dans la bouche, avant que le premier soit avalé, elle ne veut pas aussi qu'on se précipite tellement en mangeant, qu'on avale les morceaux, sans presque se donner le tems de les macher ; elle ordonne de manger toûjours avec beaucoup de modération, sans se hâter, & elle ne permet pas de manger jusqu'à se faire venir le hoquet ; car c'est une marque d'une excessive intempérance. Elle donne pour pratique, de ne pas commencer le premier à manger, non plus qu'à manger de quelques nouveaux mets, ou nouvellement servi, à moins qu'on ne soit le plus considerable de la compagnie, & elle ne peut souffrir qu'on demeure le dernier à table, lorsqu'il s'y trouve des personnes, pour qui l'on doit avoir du respect : En effet, c'est une grande incivilité de manger encore, aprés que ces personnes ont cessé de manger ; & rien n'est plus messéant que de manger seul, & de faire attendre les autres aprés soi pour sortir de table.

Les enfans, sur tout, doivent prendre pour régle, de commencer les derniers à manger, & de finir les premiers.

Il y a quelqu'autres pratiques d'honnêteté, touchant la maniere de manger, qu'on doit prendre garde d'observer exactement.

Il est, par exemple, de la bien-séance de ne pas se pancher trop sur son assiette lors qu'on mange, il faut toûjours joindre les lévres en mangeant, pour ne pas lapper comme les pourceaux, & il n'est pas suportable de manger avec ses deux mains, mais il faut porter les morceaux à sa bouche, avec la main droite seule, & se servir de la cuillere ou de la fourchette, pour y porter tout ce qui est frais, gras ou liquide, ou qui peut salir les mains, & il est tout-à-fait contre la civilité de toucher les viandes, & encore plus le potage avec les doigts seuls.

Il faut bien se garder en mangeant de regarder ceux qui sont auprés de soi, pour voir ce qu'ils mangent, ou si on ne leur sert pas des morceaux qui soient meilleurs & plus à nôtre goût, que ceux qui nous sont servis.

Il est trés-messéant, lors qu'on est à table, de flairer les viandes, ou de les donner à flairer aux autres, & il n'est jamais permis, quand on s'apperçoit de quelque mauvaise odeur dans les viandes, de faire connoître aux autres ; ce seroit encore une bien plus grande incivilité de remettre dans le plat les viandes qu'on auroit porté à son nez pour les flairer.

S'il arrive qu'on trouve quelque chose de dégoû-
tant dans les viandes, comme quelque cheveu, du
charbon, ou quelqu'autre chose, il ne faut pas le
montrer aux autres, mais on doit l'ôter si adroitement, que personne ne s'en apperçoive.

Lors que par mégarde on a mis quelque chose
dans sa bouche, qui est extraordinairement chaud,
ou qui est capable de faire mal, il faut faire ensorte
de l'avaler, sans rien faire paroître, s'il se peut,
de la peine que cela fait, mais si on ne peut absolument le garder dans sa bouche, & s'il est impossible de l'avaler, il faut promptement, & sans que
les autres s'en apperçoivent, prendre son assiette
d'une main, & la porter contre sa bouche, en se
tournant tant soit peu de côté, & se couvrant de
l'autre main, remettre sur l'assiette ce qu'on a dans
la bouche, & donner aussi-tôt l'assiette à quelqu'un,
par derriere, ou la porter soi-même dehors (car
l'honnêteté ne permet pas de rien jetter par terre.)
A l'égard de ce qu'on ne mange pas, comme sont les
os, les écailles d'œufs, les pelures de fruits, les noyaux,
&c. il faut toûjours les poser sur le bord de l'assiette.

Il est tout-à-fait mal-séant de tirer de sa bouche
avec les deux doigts, ce qu'on ne peut avaler,
comme les os, les noyaux, les arrêtes, &c. & il
l'est encore beaucoup plus de les laisser tomber de
sa bouche, du haut en bas, ou à terre, ou sur son
assiette, comme si on vomissoit : il est aussi mal-
honnête de les cracher sur son assiette ou dans sa
main, mais il faut les recevoir honnêtement avec
la main gauche, la tenant à demi fermée, & les
mettre sur son assiette sans que cela paroisse.

ARTICLE VI.

De la maniere dont on doit manger le Potage.

LE potage se sert de deux differentes manieres; lors qu'on le sert en commun, on le met dans un plat; lors qu'on le sert à une personne en particulier, on le sert dans une écuelle : cela se pratique aussi dans les familles, particulierement à l'égard des enfans, & des personnes incommodées.

Ce seroit une grossiereté de servir le potage dans les écuelles, lors qu'on donne à manger à quelqu'un; on doit alors le mettre dans un plat, & mettre sur ce plat plusieurs cuilleres, selon le nombre des conviez, qui ne doivent s'en servir que pour prendre du potage dans ce plat, & le porter ensuite sur son assiette, à moins qu'il n'y ait une cuilliere, comme pour la compagnie.

Il est incivil de prendre le potage dans le plat pour le manger, & d'en tirer chaque fois avec la cuillere, ce qu'on en veut porter à sa bouche pour manger; mais il faut prendre du potage avec une des cuilleres qui sont sur le plat, & le mettre ensuite sur son assiette, & puis remettre la cuillere sur le plat sans la porter à sa bouche, il faut ensuite se servir de sa cuillere pour manger ce qui est sur son assiette.

S'il n'y a point de cuillere sur le plat, il faut se servir de la sienne, pour y prendre du potage, aprés l'avoir bien essuyé auparavant.

Pour ce qui est de la maniere dont on doit manger le potage dans une écuelle, il est contre la bienséance de le humer de dedans l'écuelle, comme feroit un malade, mais il faut le prendre peu à peu avec la cuillere; c'est aussi une grande incivilité de prendre l'écuelle par une oreille, & de verser dans la cuillere le reste du boüillon qui est dedans, aprés avoir mangé le potage.

Il est aussi fort mal-honnête de tenir l'écuelle par l'oreille avec la main gauche, comme si on avoit peur que quelqu'un ne la prît.

La bien-séance veut aussi qu'on ne fasse pas de bruit avec l'écuelle & la cuillere, en prenant du potage, & qu'on ne racle pas bien fort de côté & d'autre, pour amasser le reste du pain qui est attaché au fond de l'écuelle.

Quoi qu'il ne soit pas bien de récurer son écuelle si nette, qu'il n'y reste plus rien dedans, il est cependant de l'honnêteté de n'y pas laisser de potage, il faut manger tout ce qu'il y en a dans l'écuelle, & tout ce qu'on a mis sur son assiette ; il n'en est pas de même du plat, car ce seroit une incivilité de le vuider entierement, & il ne faut pas y prendre le reste du potage, quand il y en a peu.

Aprés que l'on a mangé tout ce qu'il y a dans son écuelle, il la faut rendre à celui qui a soin de desservir, ou la mettre en quelque endroit sur la table, où elle ne puisse incommoder personne ; mais il ne la faut jamais mettre à terre.

Lors qu'on mange du potage, il faut tenir honnêtement sa fourchette de la main gauche, & s'en servir pour accommoder proprement le potage dans sa cuilliere, afin qu'il ne tombe pas en le portant à sa bouche.

C'est une grande incivilité de faire du bruit avec les lévres en retirant son vent, lors qu'on met la la cuillere dans sa bouche, ou d'en faire avec la gorge en l'avalant, il faut mettre le potage dans sa bouche, & l'avaler avec une si grande retenuë, qu'on n'entende pas le moindre bruit.

On doit manger le potage fort doucement, en-

forte qu'on ne faſſe paroître en cette occaſion aucune avidité, ni aucun empreſſement, car c'eſt une
marque ordinairement, ou qu'on a bien faim, ou
qu'on a beaucoup d'appetit. Et en un mot, ce feroit faire connoître évidemment ſa gourmandiſe.

Il eſt trés-indécent de manger en deux fois ce qui
eſt dans la cuillere, y laiſſant encore quelque choſe
lors qu'on la retire de ſa bouche; mais c'eſt une choſe
encore plus mal-honnête de reprendre du potage ſur
l'aſſiette ou dans l'écuelle, y ayant encore dans la
cuillere quelque choſe de reſte de la cuillerée préce-
dente, il faut manger en une ſeule fois ce qui eſt
dans la cuille, & qu'on porte à ſa bouche, & non
pas en pluſieurs repriſes.

Le moyen d'en uſer ainſi eſt de ne pas trop emplir
la cuillere, lors qu'on prend du potage, ce qui eſt
une faute conſiderable contre la bien-ſéance dans le
manger; car ſi on l'empliſſoit trop fort, cela obli-
geroit à deux grandes incivilités; l'une, à ouvrir
extraordinairement la bouche, pour faire entrer la
cuillere dedans; l'autre, à manger à pluſieurs repriſes, ce qu'on doit prendre en une ſeule fois, outre
qu'on ſe met en danger de laiſſer tomber quelque
choſe ſur la nappe, ſur ſa ſerviette, ou même ſur
ſes habits, en portant ſa cuillere à ſa bouche, ce qui
ſeroit trés-mal à propos.

La modeſtie qu'on doit garder lors qu'on eſt à
table, ne peut permettre de s'incliner indécemment
tout le corps vers la cuillere, lors qu'on la porte à
ſa bouche en mangeant le potage; mais elle permet
encore bien moins de tirer beaucoup la langue, lors
qu'on approche la cuillere de ſa bouche, on peut
cependant s'incliner tant ſoit peu, afin de ne rien laiſſer tomber de la cuillere & de ne pas ſalir ſes habits;
mais il faut prendre garde de ne ſe baiſſer que fort peu

Lorsque le potage ou ce qu'on mange est trop
chaud, il faut bien se garder de le soufler, soit sur
l'assiette, soit dans l'écuelle, soit dans la cuillere,
en la portant à sa bouche, cela est tout-à-fait contre la bien-séance : il vaut mieux attendre qu'il soit
un peu rafroidi ; on peut cependant le remuer doucement & honnêtement avec sa cuillere

ARTICLE VII.

De la maniere dont on doit se servir, prendre & manger le pain & le sel.

LA place ou l'on doit mettre le morceau de pain
qu'on a pour manger, est le côté gauche, auprés de l'assiette ou sur la serviette : il est mal-honnête de le mettre, ou à droit, ou devant, ou derriere l'assiette, & encore plus auprés du pain d'un
autre.

On peut commettre plusieurs incivilitez en coupant le pain, dont les enfans particulierement se doivent donner de garde, il est, par exemple, trés-mal-
honnête de creuser le pain, en ne prenant que la mie,
ou de séparer les deux croutes en le coupant en
longueur, ou de l'écorcher, pour ainsi dire, en
ôtant toute la croûte tout autour, ou de le couper
tout par petits morceaux, comme on fait le pain
beni, & le laisser ainsi sur la table, ou en le coupant de laisser tomber beaucoup de miette sur la
nappe ; il n'est pas moins mal-honnête de le tenir
à pleine main en le coupant, ou de le poser sur sa
poitrine, ou de couper son morceau de pain sur la
nappe ou sur son assiette ; & il est encore plus messéant de le rompre avec les mains ; car il faut tou-
jours se servir de son coûteau pour couper le pain,
Toutes ces manieres de couper le pain, sont si

ridicules, qu'il n'y a que des perſonnes mal élevées,
& d'une baſſe éducation qui en ſoient capables.

Lors qu'on veut préſenter du pain à quelqu'un,
on ne doit pas le faire avec la main, mais ſur une
aſſiette nette, ou ſur une ſerviette, & on doit le
recevoir avec la main comme en la baiſant.

Quand on veut couper un morceau de pain, à un
pain qui ſoit commun, il faut auparavant nettoyer
ſon coûteau, & n'en pas couper un trop gros morceau à la fois, il faut bien ſe garder de n'en couper que de la croûte par un coin ; mais on doit toûjours le couper droit en longueur, juſques vers la
moitié du pain, ſans en prendre plus du côté d'une
croûte que de l'autre, car il ne peut être ni honnête, ni ſage de choiſir dans le pain ce qu'on en
veut prendre, ce ſeroit laiſſer aux autres ſon reſte,
& ce qui n'eſt pas à ſon goût ; & mettre ſa ſen-
ſualité tout-à-fait en évidence.

Si on a de ſi mauvaiſes dents qu'on ne puiſſe pas
manger la croûte de ſon pain, il eſt bien plus à
propos de ne l'écroûter que par petits morceaux,
à meſure qu'on le mange, que de l'écroûter entierement tout d'un coup, car il n'eſt pas honnête de
mettre ſur la table un gros morceau de pain qui ne
ſoit que de la mie.

Il ſeroit de trés-mauvaiſe grace en mangeant le
pain, d'en tenir un gros morceau renfermé dans ſa
main, mais il faut le laiſſer ordinairement ſur la
table, & couper chaque fois avec le coûteau le morceau qu'on veut porter à ſa bouche ; il eſt auſſi de
la bien-ſéance, que les morceaux qu'on porte à ſa
bouche, ſoient petits, & il faut toûjours les y porter avec la main ſeule, & les y mettre en les tenant avec le pouce & le ſecond doigt.

Les œufs à la coque ſe mangent ordinairement

en trempant le pain dans l'œuf ; c'est pourquoi lors qu'on veut en manger de la sorte, il faut avant que de le casser, préparer le pain dont on a besoin pour le manger ; mais il n'est jamais permis de mettre du pain dans le vin, comme pour en faire de la soupe ; cela est même peu supportable à des personnes qui seroient incommodées, & elles ne doivent pas le faire, qu'il n'y paroisse une évidente necessité, & qu'il ne leur soit ordonné comme un véritable & presque unique remede.

Le sel, dit l'Evangile, est l'assaisonnement des viandes, on doit le prendre dans la salliere avec la pointe du coûteau, & jamais avec ses doigts, & ensuite le mettre sur son assiette.

Avant que de mettre le coûteau dans la salliere, pour y prendre du sel, il faut avoir soin de le nettoyer avec sa serviette, car il est trés-mal-honnête d'en prendre avec un coûteau gras ou mal-propre, & il n'en faut prendre qu'autant qu'il est necessaire.

On ne doit jamais mettre dans la salliere, les morceaux de viandes qu'on veut manger ; mais il faut les saler avec le sel qu'on aura mis sur son assiette.

Il ne faut pas se laisser prévenir de la sotte idée de certaine personnes, qui se font scrupule de présenter du sel aux autres ; & lors qu'on veut en présenter à ceux qui sont éloignez, il faut, ou en mettre sur une assiette, pour le présenter ensuite à ceux qui en auront besoin, ou leur offrir la salliere, si cela se peut, afin qu'ils ne prennent eux-mêmes : On doit en user à l'égard de la moutarde, lors qu'on s'en sert à table, à peut prés comme on en use à l'égard du sel.

ARTICLE VIII.

De la maniere dont on doit se comporter à l'égard des os, de la sauce & du fruit.

IL est trés-mal-honnête de servir les os à pleine-main, comme on tiendroit un bâton ; il est même de la bien-séance de ne les toucher que le moins qu'il est possible ; & s'il est necessaire, il le faut faire avec les deux doigts, & les tenir par quelque endroit qui ne puisse pas graisser les doigts.

C'est une chose bien vilaine de les ronger avec les dents, tout autour, & les tenir avec les deux mains comme font les chiens avec leurs pieds ; il est aussi trés-indécent de les succer, en faisant du bruit enforte qu'on soit entendu des autres : on ne doit pas même les porter à sa bouche, il faut se contenter d'en tirer doucement la viande avec le coûteau le plus proprement qu'on peut, & les mettre ensuite sur son assiette, sans jamais les jetter à terre, ce qui seroit une trés-grande incivilité.

C'est une marque de sensualité, qui n'est jamais permise, de casser les os avec le coûteau ou avec quelque autre chose, ou de les frapper sur la table, ou sur son assiette, ou de les secoüer pour en tirer la moüelle, il faut la tirer avec la fourchette, ou avec la pointe du coûteau, ou avec le manche de cuillere, si cela se peut facilement, sinon il ne faut pas même essayer de le faire, il est cependant beaucoup mieux, & bien plus honnête de ne se mettre aucunement en peine de tirer la moüelle des os.

Il est bien mieux de ne pas prendre de sauce dans le plat, car cela marque toûjours quelque sensualité dans la personne qui le fait, mais quand on en prend, il faut le faire avec sa cuillere, aprés l'avoir essuyé avec sa serviette, & verser ensuite la sauce sur son assiette.

Il est trés-incivil de saucer tous les morceaux de viandes dans le plat, à mesure qu'on les mange ; il l'est encore bien plus de tremper son pain dans la sauce ; mais il est trés-vilain d'y tremper le pain ou la viande qu'on a déja morduë, aprés l'avoir portée à sa bouche.

A l'égard des fruits, des confitures, ou des autres choses qui se donnent au dessert. L'honnêteté veut qu'on soit fort retenu à toucher, & qu'on n'en mange qu'avec modération ; en user autrement, ce seroit faire connoître qu'on a de l'attache à ces sortes de friandises.

Il faut particulierement que les enfans se donnent bien de garde de faire quelque signe des yeux ou des épaules, qui marquent qu'ils en désirent, ils doivent attendre qu'on leur en donne.

Une chose, qu'il n'est jamais permis de faire, sur tout lors qu'on est à la table d'une personne à qui on doit du respect, est de mettre dans sa poche, ou dans sa serviette du fruit, pour le conserver, comme seroit par exemple une pomme, une poire, une orange, &c.

Il n'est aussi nullement permis, lors qu'on est dans quelque Jardin, à moins qu'il ne soit à quelqu'un de ses amis intimes, d'y cüeillir des fruits ou des fleurs, ou d'en demander pour les emporter, la bien séance veut qu'on ne touche jamais à rien.

C'est une grande incivilité de présenter à quelqu'un du fruit, ou quelque autre chose dont on auroit déja mangé, il est aussi mal-honnête d'avaler les noyaux, ou de les casser avec ses dents, ou de les casser avec quelqu'autre chose, pour en tirer l'amande ; il n'est pas aussi séant de les cracher sur son

affiette ; ou de les jetter à terre ou dans le feu,
mais il faut les prendre de la main gauche à demi
ouverte, & les mettre enfuite honnêtement fur fon
affiette.

ARTICLE IX.

De la maniere dont on doit demander & recevoir à boire, & boire lors qu'on eft à Table.

IL eft tout-à-fait contre la bien-séance de demander à boire le premier, à moins qu'on ne foit le
plus confidérable de la compagnie, finon il faut attendre que ceux qui tiennent le premier rang ayent bû.

C'eft auffi manquer au refpect qu'on doit à ceux
avec qui on eft, de demander à boire tout haut, il
en faut demander tout bas ; & il eft encore mieux
d'en demander par fignes.

C'eft auffi manquer au refpect de demander à
boire, lors qu'on en donne à quelqu'un de la compagnie. S'il n'y a qu'une perfonne qui ferve, on ne
doit pas en demander, qu'on ne croye que pas un
n'en demandera, jufqu'à ce qu'on aye achevé de
boire ; il eft encore mieux, fi on le peut, d'attendre
à boire à fon tour, à moins que le Maître de la
maifon ne vous en faffe verfer.

Il eft incivil de recevoir à boire, ou de s'en faire
fervir à côté d'une perfonne qu'on doit honorer,
il faut alors prendre le verre, & fe faire fervir d'un
autre côté.

Lors qu'on préfente à boire à quelqu'un, il doit
effuyer les doigts avec fa ferviette, & puis prendre
le verre par le pied, & non pas par le milieu ; il
doit auffi prendre garde que celui qui le fert ne
mette pas dans le verre plus qu'il ne peut boire en
une fois, & que le verre ne foit pas fi plein, qu'il

en puisse répandre sur la nappe, ou sur les habits.

Il faut toûjours essuyer sa bouche avec sa serviette, avant que de boire, & ne jamais boire avant que d'avoir mangé son potage ; il est bien moins permis de le faire pendant qu'on le mange, il n'est pas même honnête de boire aussi-tôt aprés l'avoir mangé : on doit attendre qu'on ait un peu mangé d'autres viandes.

Il est de l'honnêteté de bien essuyer sa bouche avec sa serviette, & de la vuider entierement avant que de boire, afin de ne pas graisser le verre, ce qui seroit trés-mal-propre ; & il est trés-incivil de boire, ayant la bouche pleine, ou avant que d'avoir achevé de manger ; il ne faut pas non plus faire de longs discours en tenant le verre à la main, & il est beaucoup mieux de ne pas parler, depuis qu'on a versé à boire, jusqu'à ce qu'on ait bû ; il n'est pas moins incivil de considerer avec attention ce qu'on veut boire ; & il est encore plus de goûter le vin avant que de boire, & de se mêler d'en dire son sentiment.

Il est bien mieux de boire simplement, sans aucune façon ; car il n'est pas de l'honnêteté de faire paroître qu'on se connoît au vin.

On peut en bûvant baisser un peu la tête, afin de ne rien répandre sur soi ; mais il faut aussi-tôt la redresser. Il est cependant mieux de se tenir toûjours la tête droite pendant qu'on boit.

Il ne faut pas boire, ni trop lentement, comme si on succoit & si on goûtoit avec plaisir ce qu'on avale, ni trop vîte, comme font les sensuels ; mais il faut boire doucement & posément, quoique cependant tout d'une haleine sans reprendre son vent, & non pas à plusiéurs reprises, on doit en bûvant avoir la vûë arrêtée dans le verre, & toûjours boire ce qui est dans son verre sans en rien laisser.

La bien-séance ne permet pas de boire ayant la tête nuë, il faut toûjours être couvert, pendant qu'on boit ; elle ne veut pas non plus qu'on ait la vûë égarée, & qu'on regarde de côté & d'autre pendant ce tems, on ne doit point alors avoir la vûë hors de son verre ; il ne faut pas non plus en bûvant faire du bruit avec le gosier, & donner lieu par ce moyen, de compter les gorgées qu'on avale.

Il est indécent, aprés avoir bû, de pousser un grand soupir, pour reprendre son haleine, il faut cesser de boire sans faire aucun bruit, non pas même avec ses lévres, & aussi-tôt aprés avoir bû, il faut essuyer sa bouche, comme on a dû le faire avant que de boire.

Il est trés-incivil d'égouter les pots & en bûvant de succer les verres ; il faut aussi prendre garde de ne pas boire trop souvent, & de ne pas boire du vin pur. L'honnêteté veut qu'il y ait toûjours beau-coup d'eau mêlée avec le vin.

Il n'est pas bien-séant de boire lorsque quelqu'un boit à côté de soi, & on doit bien moins le faire pendant que celui qui est le plus considérable de la Compagnie tient le verre en main, il faut attendre qu'ils ayent bû.

Si dans le tems qu'on est obligé de répondre à une personne qui est superieure, elle porte le verre à la bouche, il faut attendre qu'elle ait bû, pour continuer son discours, il faut observer la même chose, quelque personne que ce soit qui boive, & ne jamais lui parler pendant qu'elle boit.

Présenter à une personne un verre de vin, dont on ait déja goûté, est une chose trés-mal-honnête. Porter des santez aux uns & aux autres, pour les obliger de boire davantage, c'est une pratique qui fent le Cabaret, & qui n'eft nullement en ufage parmi les honnêtes gens ; il ne faut pas même boire facilement à la fanté des uns des autres, à moins qu'on ne foit avec fes amis les plus familiers, & qu'on ne le faffe pour marque d'amitié ou de ré-conciliation. Les enfans, fur tout, ne doivent pas boire à la fanté de perfonne, à moins qu'on ne leur commande.

Qui que ce foit ne doit boire à la fanté d'une perfonne qui foit d'une qualité beaucoup fuperieur à la fienne, & s'il eft quelquefois permis de le fai-re, ce ne doit pas être en s'adreffant à la perfonne même, à la fanté de laquelle on boit, difant, par exemple : *Monfeigneur, c'eft à vôtre fanté* ; mais on la porte à une autre, & difant ainfi : *Monfieur, c'eft à la fanté de Monfeigneur* ; il eft encore bien plus incivil d'ajoûter le furnom de la perfonne de qualité, ou le nom de fa qualité, en parlant à elle-même, ou en bûvant à la fanté de fa femme, ou de quelqu'un de fes parens ou parentes, de dire, *Monfeigneur, à la fanté de Madame vôtre femme, vôtre Sœur, de Monfieur vôtre Frere* ; il faut nom-mer la femme par la qualité ou par le furnom de fon Mari, & les autres, ou par leur furnom, ou par quelque qualité, s'ils en ont ; en difant, par exemple : *A la fanté de Madame Louvier, de Monfieur le Préfident, ou le Confeiller.*

Celui qui boit à la fanté d'un autre qui eft pré-fent, doit s'incliner fort honnêtement vers lui ; & celui à la fanté duquel l'on boit, doit remercier celui qui boit, en s'inclinant autant que le demande la qualité de celui qui lui fait cette honnêteté, & boire enfuite à la fanté de celui qui a bû à la fienne, en s'inclinant un peu, fans fe découvrir.

Si c'eft une perfonne de grande qualité, qui boit

à la santé d'une autre de moindre confideration
celui à qui elle s'adreffe, doit fe tenir découvert
en s'inclinant un peu fur la table, jufqu'à ce que
cette perfonne ait achevé de boire, & ne doit nullement lui faire raifon, à moins qu'elle ne l'ordonne; cela ne doit pas cependant fe faire, fi la perfonne qui boit, n'eft pas d'une qualité beaucoup
fuperieure à l'autre.

ARTICLE X.

De la fortie de la Table, & de la maniere de fer-
vir, & de défervir à Table.

ON ne doit pas attendre qu'on ait l'eftomach
plein de viandes, pour ceffer de manger; &
comme il eft de l'honnêteté de manger avec modération, il l'eft auffi de ne pas manger jufqu'à être
entierement raffafié.

Les enfans doivent toûjours fortir de table les premiers, en fe découvrant, & en faifant la réverence.

Lors qu'on eft obligé de fe lever, & de fortir de
table avant les autres, il ne faut le faire qu'ayant la
tête nuë, & en cas qu'on foit dépendant ou Domeftique, il ne faut pas fe lever qu'on n'ôte foi-
même, ou qu'il n'y ait quelqu'un pour ôter fon
affiette, dont l'objet n'eft pas honnête.

S'il arrive que quelque perfonne, pour laquelle
on doive avoir de la confideration mange, & fe
tient encore à table à la fin du repas, & qu'on foit
feul avec qui cette perfonne ait ou puiffe avoir de
la confidération, particulierement fi on n'eft ni dépendant d'elle, ni fon Domeftique, on doit par
honnêteté & par refpect demeurer à table pour lui
tenir compagnie, jufqu'à ce qu'elle fe léve.

Il faut que ceux qui fervent à table ayent les mains

fort

fort nettes & soient toûjours découverts. La chose qu'ils doivent faire est d'étendre proprement la
nape sur la table, de mettre la salliere dessus, &
puis de déposer les assiettes; sur lesquelles ils met-
tront le pain qu'ils couvriront honnêtement de la
serviette, si ce n'est qu'on se serve d'écuelles pour
le potage; car alors il faut mettre les écuelles sur
les assiettes, & mettre le coûteau, la cuillere & la
fourchette à la droite dessous le pain, & la serviette
par-dessus.

Il faut ensuite laver les verres, & les disposer de
telle maniere sur le Buffet ou sur une petite Table,
couverte d'un linge blanc, qu'on ne les puisse pas
changer facilement. Lors qu'il faudra les présenter. Il faut toûjours avoir soin que tout ce qui est
necessaire, comme le sel, le pain & des assiettes pour
servir le pain, soient sur la table, ou sur un buffet
bien propre & bien rangé.

Il faut ensuite donner à laver, en élevant un peu
l'aiguiere avec ceremonie, ayant la serviette pliée
en long sur l'épaule gauche & tenant le bassin par-
dessous, posé sur la main & sur le bras gauche, à
moins qu'il ne soit déja posé sur quelque chose.
C'est sur les mains de la personne la plus considérable de la compagnie qu'il faut commencer à verser
de l'eau, il faut ensuite en verser sur les mains des
autres, selon leur rang & leur qualité, & quelquefois sans aucun ordre ni distinction entre elles, ce
que l'on doit toûjours faire, lors que des personnes
ne sont pas d'une qualité fort distinguée.

Un des premiers soins qu'on doit avoir lors qu'on
sert à table, est de bien essuyer les plats par-dessous,
particulierement celui du potage, afin qu'ils ne
salissent pas la nappe, & de les disposer tellement
que chacun y puisse facilement porter la cuille-

re, ou la fourchette, quand il en aura besoin.

Le pain doit toûjours se présenter sur une assiette ou dans une serviette, s'il n'y a point d'assiette nette sur le buffet ; & on ne doit jamais le porter à la main, ni le servir du côté de la personne la plus honorable.

Ceux qui servent doivent toûjours se tenir prêts à servir ce que l'on demandera, & doivent pour cela avoir toûjours l'œil sur la table, & ne pas s'en éloigner.

Il faut être découvert pour servir à table, il le faut particulierement être pour servir à boire, & lors qu'on en présente à quelqu'un, il faut tenir le verre par le pied avec la main gauche, ou la tasse par l'anse, & non pas à pleine main, ou en touchant le bord avec les doigts ; il faut aussi toûjours mettre du vin dans le verre avant que de le présenter, & puis l'ayant présenté, comme en le baisant, verser doucement de l'eau avec l'aiguiere, ou le pot, qu'on doit tenir de la main droite, & ne pas cesser de verser, jusqu'à ce que celui qui veut boire leve le verre pour faire signe qu'il n'en veut pas davantage.

Il est de la bien-séance de ne présenter à boire à personne, que l'on n'ait mangé quelque tems des viandes, aprés que le potage aura été levé, & de commencer toûjours à verser à boire à la personne la plus considérable de la compagnie. On doit aussi observer de présenter toûjours à boire du côté de la personne qu'on sert ; si cependant il y a plusieurs personnes à table, il ne faut rien présenter à côté de la personne la plus qualifiée, à moins qu'absolument on ne pût faire autrement.

Lors qu'en servant du vin on en a trop mis dans le verre, il ne faut pas le verser dans le pot ou dans la bouteille, mais dans un autre verre ; & si au contraire on n'en avoit pas mis assez, il en faudroit encore remettre autant que celui qu'il sert en souhaitera.

Lors qu'on présente à boire à quelqu'un hors des repas, aprés lui avoir donné le verre, il faut tenir dessous une serviette, ou une assiette, afin d'empêcher que quelque goute ne tombe sur ses habits; & aprés qu'il aura bû il faudra recevoir de lui le verre comme en le baisant, & en même tems lui présenter une serviette pliée pour s'essuyer la bouche; on met aussi une assiette nette dessous le verre, lorsque les personnes de grande qualité boivent durant les repas.

Les personnes qui veulent manger proprement, changent d'assiettes au moins deux fois durant le dîner, une fois aprés avoir mangé le potage, & une fois pour le dessert; & au souper, seulement pour le dessert. Chez les personnes de qualité, & dans les festins, on en change ordinairement à tous à chaque service; & il y a toûjours des assiettes nettes sur le buffet, pour en changer à ceux qui en peuvent avoir besoin: il est aussi à propos d'en changer lors qu'on a son assiette trop chargée.

Ceux qui servent & qui changent les assiettes, doivent commencer pour le faire par la personne la plus considerable de la compagnie, & le faire à tous de suite en continuant, rendant à chacun une assiette nette, à mesure qu'ils en ôteront de dessus la table.

Lors qu'on est à table, il faut se tenir dans une grande retenuë, & ne pas jetter fixement la vûë sur ceux qui mangent, ni sur les viandes. On doit aussi avoir soin qu'il ne manque jamais rien à ceux qui sont à table, & qu'ils ne soient pas obligez de demander plusieurs fois à boire; c'est pourquoi ceux qui servent doivent être trés-attentifs à examiner s'il ne leur manque rien, & être prompts à les servir.

Il est contre la bien-séance de lever les plats pendant que quelqu'un mange encore, il faut attendre qu'on fasse signe de les ôter, soit en les éloignant, soit en quelqu'autre maniere. Il ne faut pas non plus jamais lever aucun plat, qu'on n'en remette un autre à la place ; car il n'est pas séant que la table demeure vuide, si ce n'est à la fin des repas.

Il ne faut pas mettre les plats les uns dans les autres pour les lever plus facilement, particulierement lors qu'il y a encore de la viande dedans, & s'ils ne font pas entierement vuides : il ne faut pas non plus mêler ensemble dans un plat, ce qui pourroit rester dans plusieurs, afin de pouvoir les emporter tout à la fois ; mais on doit lever les plats tous l'un aprés l'autre, ensorte qu'on n'en emporte pas plus de deux en une fois.

Lors qu'on défert les plats de dessus la table, il faut toûjours commencer par ceux qui font devant la personne qui tient le premier rang dans la compagnie, & commencer aussi par elle à ôter les assiettes, qu'on doit changer aussi-tôt que les plats font desfervis.

Il ne faut pas deffervir entierement, qu'aprés qu'on aura rendu graces à Dieu ; & lors qu'on défert, il est à propos de mettre les coûteaux, les fourchettes & les cuilleres dans un panier, aussi bien que les morceaux de pain qui peuvent rester. C'est une chose honteuse de ferrer alors de la viande, du vin, ou autre chose, pour les manger ou boire en cachette.

Il faut ôter le sel le dernier, & aprés avoir levé la nappe, couvrir la table d'un tapis, à moins qu'on ne doive ôter la table en même tems.

Aprés qu'on aura tout desfervi, on aura soin de balayer proprement les miettes & les autres choses qui feront tombées de la table ; il faudra ensuite accommoder le feu, si c'est en hyver, & se retirer en faisant la réverence.

Si on est chargé de tenir la chandelle pour conduire la compagnie, on ne la prendra pas toute seule, mais avec le chandelier, qu'on portera de la main droite, en tenant son chapeau de la main gauche, & éclairant le premier.

Il est trés-incivil d'éteindre une chandelle en présence de la compagnie. La bien-séance veut qu'on ne le fasse jamais en présence & à la vûë des autres, & qu'on ait égard qu'elle ne fume pas.

Il est encore bien plus mal-honnête de moucher les chandelles avec ses doigts, il faut toûjours le faire avec la mouchette, en tirant le chandelier de dessus la table.

CHAPITRE V.

Des divertissemens.

LES divertissemens sont des exercices ausquels on peut employer quelque tems de la journée pour délasser l'esprit des occupations sérieuses, le corps des emplois fatiguans, qu'on leur donne pendant le jour.

Il est bien juste de prendre quelquefois du repos, le corps & l'esprit en ont besoin, & Dieu nous en a donné l'exemple, dés le commencement du monde, lors qu'il s'est reposé tout un jour, selon l'expression de l'Ecriture, aprés avoir travaillé six jours entiers & de suite, au grand ouvrage de la création du Monde. Nôtre Seigneur a aussi invité ses Apôtres à se reposer avec lui, aprés qu'ils furent de retour des lieux où il les avoit envoyez pour prêcher son Evangile.

Cependant comme il arrive souvent qu'on se divertit, ou en blessant sa conscience, ou aux dépens des autres, ou en violant en quelqu'autre chose les régles de l'honnêteté, soit en prenant des divertissemens que la bien-séance ne permet pas, soit en les prenant d'une maniere peu honnête, ou en y mêlant quelque chose d'incivil ou de meséant : il paroît necessaire ici d'exposer les differentes sortes de divertissemens qu'on peut prendre, & de faire ensuite connoître la maniere dont on peut y passer le tems, pour le faire avec bien-séance.

Les divertissemens qu'on peut prendre, sont la Récréation, le Jeu, le Chant & la promenade. On traitera ici de ces quatre choses l'une aprés l'autre, & de la maniere de les bien faire.

ARTICLE I.

De la Récréation & du Ris.

IL est de la bien-séance & de l'honnêteté de prendre tous les jours quelques récréations aprés les repas, avec les personnes avec qui on demeure, & avec qui on mange, & il n'est pas honnête de les quitter aussi-tôt qu'on est sorti de table.

La récréation se passe ordinairement en conversant d'une maniere aisée, & en faisant des contes plaisans & agréables, qui donnent occasion de rire, & qui divertissent la compagnie ; il faut cependant bien prendre garde que ces sortes de discours n'ayent rien de rampant, & qui ressente une basse éducation, mais qu'ils soient relevez par une maniere de les exprimer, qui donne de l'éclat, du lustre & de l'agrément à leur simplicité.

Le Sage dit, qu'il y a un tems de rire, & c'est proprement le tems qui suit le repas ; car outre qu'on ne peut pas s'appliquer à des occupations sérieuses aussi-tôt aprés les repas, se tenir gay & libre dans le tems qui les suit immédiatement, est une chose qui aide beaucoup à la digestion des viandes.

Il n'est jamais permis de se récréer aux dépens des autres, le respect qu'on doit avoir pour le prochain, demande qu'on ne se réjoüisse jamais de rien qui puisse faire peine à qui que ce soit.

Il y a trois choses principalement, dont il ne faut jamais rire. Les choses qui touchent la Religion, les paroles ou les actions dés-honnêtes, les imperfections des autres, & quelque accident fâcheux qui leur sera arrivé.

Pour ce qui est des choses qui regardent la Religion, il y auroit du libertinage & de l'impieté de s'en faire un sujet de rire, & de s'en divertir. Il faut qu'un Chrétien en toutes occasions donne des marques d'estime & de veneration, pour tout ce qui regarde le culte de Dieu. C'est pourquoi il faut bien se garder de tourner en risée les paroles de la sainte Ecriture, comme il arrive à quelques-uns.

On ne doit jamais les avoir en la bouche que par un sentiment d'esprit Chrétien, & pour s'animer à la pratique du bien & de la vertu.

La bien-séance veut qu'on ait une si grande horreur pour tout ce qui approche tant soit peu de l'impureté, & que bien loin de permettre d'en rire & de s'en divertir, elle ne permet pas même qu'on témoigne avoir pour agréable rien de ce qui la touche.

Ceux qui rient des choses de cette nature marquent qu'ils vivent plus selon le corps que selon l'esprit, & qu'ils ont le cœur tout-à-fait corrompu.

A l'égard des imperfections des autres, ou elles sont naturelles, ouelles sont vicieuses ; si elles sont naturelles, il est indigne d'un homme de bon sens

& d'un fage conduite d'en rire & de s'en divertir,
puifque celui qui les a, n'en eft pas la caufe, & qu'il
ne dépend pas de lui de ne les pas avoir, & qu'il
n'y a point d'homme à qui il n'auroit pû arriver la
même chofe ; fi ce font des imperfections vicieufes,
& dont on prend occafion de fe divertir , cela eft
tout-à-fait contre la charité & contre l'efprit Chrétien, qui infpire plûtôt d'en avoir de la compaffion,
& d'aider les autres à s'en corriger , que de s'en
faire un fujet de récréation.

Il n'eft pas moins contre la bien-féance de rire
& de fe divertir de quelque accident fâcheux qui
feroit arrivé à quelqu'un, car ce feroit comme donner des marques fenfibles qu'on en a de la joye, au
lieu que la charité , auffi bien que l'honnêteté doivent faire prendre part à ce qui peut faire peine
aux autres , auffi-bien qu'à ce qui leur eft agréable.

C'eft une incivilité de rire aprés avoir dit quelque bon mot , & de regarder les autres , pour voir
s'ils rient de ce qu'on a dit ; car c'eft faire connoître, qu'on croit avoir dit des merveilles. Il ne faut
pas non plus rire quand quelqu'autre dit quelque
chofe de mefféant , ou de mal-à-propos , rire de
tout ce que l on void & de tout ce que l'on entend,
c'eft reffembler aux incenfez.

On ne doit pas fe donner la liberté de rire en
tout tems & en toute occafion , il ne faut pas, par
exemple, rire quand on parle, ou quand on a fujet
d'avoir de la peine. La bien-féance ne le permet pas
non plus dans de certaines occafions , où on doit
tout au moins paroître férieux , comme quand quelque parent eft mort, de qui on eft heritier , car il
fembleroit qu'on auroit de la joïe de ce qu'il eft mort.

L'honnêteté ne veut donc pas qu'on rie, qu'il n'y
ait quelque fujet raifonnable de le faire , & elle

prescrit aussi des régles touchant la maniere de rire, & ne permet pas qu'on rie jamais avec beaucoup d'éclat, & encore bien moins qu'on le fasse d'une maniere si dissoluë & si peu sage qu'on en perde la respiration, & qu'on en vienne à faire des gestes indécent. Il n'y a que des gens de peu de sens & de peu de conduite qui puissent en user ainsi : Car c'est le propre de l'insensé, dit l'Ecclesiastique, de lever sa voix en riant ; mais pour ce qui est de l'homme sage, à peine rira-t'il tout bas.

ARTICLE II.

De la Promenade.

LA promenade est un exercice honnête, qui contribuë beaucoup à la santé du corps, & qui rend l'esprit plus disposé aux exercices qui lui sont propres, elle devient un divertissement, lors qu'on y joint des entretiens agréables.

On y fait ordinairement quelque ceremonie pour y prendre place, & la plus honorable est duë à la personne la plus qualifiée de la compagnie.

Celui cependant à qui on fait l'honneur de la presenter, ne doit pas l'accepter à moins qu'il ne soit beaucoup au-dessus des autres, & ne doit le faire qu'après avoir salué la compagnie, comme pour la remercier de l'honneur qu'elle lui a faite.

Il est trés-incivil de prendre soi-même la place d'honneur, à moins qu'on ne soit d'une qualité beaucoup superieure aux autres ; & lors que ce sont des personnes qui sont à peu prés égales, qui se promenent ensemble, elles doivent ordinairement prendre place sans discernement, selon qu'elles se rencontrent.

Lors qu'on est trois ou plus à se promener, la

place, qui se doit donner à la personne la plus considérable, est le milieu, la droite est la seconde, & la gauche est la troisiéme ; & si ceux qui se proménent ainsi sont égaux, ils peuvent se ceder le milieu alternativement à chaque longueur de promenade, celui qui étoit au milieu se retirant à côté pour laisser prendre le milieu à un de ceux qui étoient à côté de lui.

Dans un Jardin & dans les autres lieux où l'usage n'a rien de terminé, la seconde place est la droite de la personne à qui on fait de l'honneur, ainsi si on y est seul avec elle, on se mettra à sa gauche, & on aura soin de prendre toûjours la gauche chaque fois qu'on tournera ; sans néanmoins qu'il y paroisse de l'affectation.

Dans une Chambre, la place où est le lit marque le dessus ; si la disposition de la Chambre le permet, sinon il faut se régler sur la porte, qui marque le dessous.

Dans la ruë la place d'honneur est le côté de la muraille ; mais si on est trois, le milieu est la premiere place, le côté de la muraille est la seconde, & l'autre côté est la troisiéme.

Ceux qui se promenent doivent toûjours marcher doucement, tout en droite ligne, particulierement si ceux qui se proménent ne sont pas en grand nombre, & si tous sont de qualité à peu prés égale ; car si parmi ceux qui se promenent ensemble, il y a quelque personne beaucoup plus considérable que les autres, il est de l'honnêteté de marcher tant soit peu devant pour lui faire honneur, ensorte néanmoins qu'on la puisse entendre & lui parler facilement.

Quand on se promene avec quelqu'un, il n'est pas de la bien-séance de s'en approcher si fort qu'on le touche, & il l'est encore bien moins de lui donner des coups de coude, il ne faut pas non plus se tourner si fort vis-à-vis de celui à qui on veut parler, qu'on l'empêche de marcher, ou qu'on soit incommode aux autres.

Au bout de chaque longueur de promenade, c'est à la personne la plus considerable à se retourner la p remiere, & elle doit toûjours le faire en tournant le visage vers celui qui est le plus considerable après elle, ou vers celui qui parle, ou alternativement, tantôt à droite, & tantôt à gauche ; il est de son honnêteté d'en user ainsi, si les personnes qui sont à ses côtez, sont à peu prés d'égale condition, tous les autres doivent se tourner du côté de celui qui est au milieu.

S'il n'y en a que deux qui se promenent, chacun doit se tourner en dedans, du côté de la personne avec laquelle il se promene, & jamais en dehors, parce qu'il ne pourroit pas le faire, sans tourner le dos à celui avec qui il est, ce qui seroit tout-à-fait contre l'honnêteté.

Si deux personnes d'une qualité beaucoup supérieure, font mettre au milieu d'elles un autre qui leur est inferieur, afin d'entendre plus facilement quelque recit qu'il auroit à leur faire à chaque bout d'allée, l'inferieur aura soin de se retourner du côté de la plus qualifiée des deux ; & si ces deux personnes sont d'une qualité à peu prés égale, il prendra garde de se tourner à un bout d'allée du côté de l'un, & à l'autre bout du côté de l'autre ; & aussi-tôt qu'il aura achevé le récit qu'il aura à faire, il quittera le milieu, & se mettra de côté, tant soit peu en arriere.

Si on passe par quelque endroit, où il faille marcher seul à seul, chacun doit suivre selon le rang qu'il tient dans la compagnie, en se faisant civilité les uns aux autres ; mais si les personnes n'ont point de qualité particuliere qui les distingue, elles marcheront l'un aprés l'autre, selon qu'elles se rencontreront.

Si cependant le lieu est incommode ou dangereux, un des moins qualifié peut marcher le premier pour montrer le chemin ou en faire l'essai, sans rien faire en cela qui soit contre les régles de la bien-séance.

C'est une grande incivilité en rencontrant une autre compagnie, de quitter la sienne ; car c'est marquer qu'on a bien peu de considération pour les personnes avec qui l'on est, & qu'on en fait bien peu d'estime.

Lors qu'on se promene avec une personne considerable ou même avec une personne égale, ordinairement il n'est pas bien-séant de s'arrêter ; car outre que cela ressent la superiorité, cela est quelquefois ennuyeux aux autres. Si cependant la personne avec qui on se promene, s'arrête il faut aussi s'arrêter & avoir égard de ne point avancer pendant tout le tems que cette personne demeure ainsi arrêtée.

ARTICLE III.

Du Jeu.

LE Jeu est un divertissement qui est quelquefois permis, mais il ne faut le prendre qu'avec beaucoup de précaution ; c'est une occupation à laquelle on peut employer quelque tems, mais il faut qu'on y apporte aussi de la retenuë ; il faut beaucoup de précaution pour ne s'y pas laisser aller à quelque passion dereglée : Il faut de la retenuë pour ne pas s'y donner tout entier, ni y donner trop de tems.

Comme il est impossible de s'y conduire avec bien-séance, sans ces deux conditions, il n'est pas aussi permis de joüer sans elles.

Il y a particulierement deux passions ausquelles on doit prendre garde de ne se pas laisser aller dans le jeu : La premiere, est l'avarice, & c'est aussi celle ordinairement qui est la source de la seconde, qui est l'impatience & les emportemens.

Ceux qui joüent doivent bien prendre garde de ne pas joüer par avarice ; le jeu n'ayant pas été inventé pour gagner de l'argent, mais seulement pour relâcher un peu l'esprit & le corps, aprés le travail.

C'est ce qui fait qu'il n'est pas bien-séant de joüer de grosses sommes, mais simplement quelque peu d'argent, qui ne puisse pas ni enrichir celui qui gagne, ni apauvrir celui qui perd, mais qui serve à entretenir le jeu, & à donner plus d'inclination pour gagner. Qui est ce qui contribuë beaucoup au plaisir du jeu.

C'est une grande incivilité de s'impatienter dans le jeu, quand on n'y réüssit pas comme on le souhaiteroit ; mais il est honteux de s'y abandonner à des emportemens, & encore bien plus d'y jurer. On doit s'y comporter d'une maniere sage & paisible, pour ne pas troubler le divertissement.

Il est tout-à-fait contre l'honnêteté de tromper au jeu, c'est même un larcin ; & si on gagne on est obligé à restitution, quand même on auroit gagné en partie par son industrie.

L'argent que l'on gagne ne doit pas s'exiger avec empressement, mais si quelqu'un a manqué de mettre au jeu & qu'il ait perdu, il ne faut lui demander ou l'engager de mettre au jeu, ce dont il est redevable, que d'une maniere honnête, en lui re-

préſentant ſeulement qu'il n'a pas mis au jeu, en
cette maniere.

Vous vous êtes apparemment oublié de mettre au
jeu, ou s'il a perdu, & qu'on continuë à joüer;
Ayez la bonté de mettre deux fois au jeu, où il
manque une telle ſomme de ce qu'il devoit y avoir,
n'y ayant pas mis la derniere fois ; il faut bien ſe
garder en ces occaſions d'uſer de ces manieres de
parler. Payez, mettez au jeu.

Quoi qu'il faille faire paroître en joüant beaucoup de gayeté ſur ſon viſage, parce qu'on ne joüe
que pour ſe divertir ; il eſt cependant contre la
bien-ſéance de témoigner une joye extraordinaire
quand on gagne, auſſi-bien que de ſe troubler, de
ſe chagriner, ou de ſe fâcher quand on perd ; car
c'eſt une marque qu'on ne joüe que pour gagner de
l'argent. L'un des meilleurs moyens dont on puiſſe
ſe ſervir, pour ne pas tomber dans quelqu'un de
ces dérégleïmens, eſt de ne joüer que ſi peu d'argent
que ni le gain, ni la perte ne ſoient pas capables
d'exciter aucune paſſion dans ceux qui joüent.

Il eſt auſſi incivil de chanter ou de ſiſler en joüant,
quand même on ne le feroit que doucement & entre
ſes dents ; il l'eſt encore bien plus de tambouriner
des doigts ou des pieds, c'eſt cependant ce qui arrive quelquefois à ceux qui ſont fort appliquez à
leur jeu.

S'il arrive quelque differend dans le jeu, il faut
bien ſe garder de crier, de conteſter ou de s'opiniâ-
trer, mais ſi on eſt obligé de ſoûtenir un coup, ce
doit être avec beaucoup de retenuë & d'honnêteté,
expoſant ſimplement & en peu de mots, le droit
qu'on croid avoir, ſans même élever ni changer
tant ſoit peu le ton de la voix ; lors qu'on le perd,
il eſt de l'honnêteté de payer toûjours avant qu'on

le demande ; car c'eſt la marque d'un eſprit gene-
reux & d'une perſonne bien née, de bien payer ce
qu'on doit au jeu, ſans faire paroître aucune peine.

On ne doit jamais entreprendre de joüer avec une
perſonne d'une qualité beaucoup ſuperieure, qu'elle
ne le commande ; mais quand une perſonne de qualité oblige quelqu'un, qui eſt d'une condition beaucoup inferieure à la ſienne, de joüer avec elle ; il
faut qu'il ait bien de l'égard de ne pas témoigner,
ni d'empreſſement dans le jeu, ni d'envie de gagner ; car c'eſt une marque de petiteſſe d'eſprit &
de baſſeſſe de condition.

Si on ſçait même que la perſonne, avec qui on
joüe, & à qui on doit du reſpect, a de la peine de
perdre, il ne faut pas, ſi l'on gagne quitter le jeu,
à moins que cela ne vienne d'elle, ou qu'elle n'ait
regagné ce qu'elle avoit perdu ; mais ſi on perd,
on peut ſe retirer honnêtement, & cela eſt toûjours
permis, quelque perſonne que ſoit celle avec qui
on joüe.

Il eſt de l'honnêteté de faire paroître qu'on a bien
du contentement, lors qu'une perſonne, à qui on
doit du reſpect, gagne en joüant, particulierement
lors qu'on ne joüe pas ſoi-même, & qu'on eſt ſeulement ſpectateur.

Il eſt de conſequence de s'abſtenir entierement de
joüer, ſi on n'eſt pas d'une humeur commode dans
le jeu ; car il en pourroit arriver bien des incon-
veniens, qu'on eſt obligé de prévenir ; mais ſi la
perſonne avec laquelle on joüe eſt d'une humeur fâ-
cheuſe ; il ne faut pas témoigner ſe faire de la peine,
ni de ſes paroles, ni de ſes manieres d'agir ; on doit
encore bien moins prendre garde à ſes emportemens;
il faut tâcher de pourſuivre tranquillement ſon jeu,
comme ſi de rien n'étoit : la prudence même & la

fageffe demandent qu'on prenne tout en bonne part,
& qu'on ne forte jamais du refpect qu'on doit à
cette perfonne, ni du calme qu'on doit toûjours
conferver dans fon efprit.

Il eft trés incivil de fe mocquer de quelque perfonne qui auroit manqué d'adreffe en joüant ; fi des
perfonnes plus qualifiées viennent pour joüer, &
qu'on occupe la place, il eft de l'honnêteté de la leur
ceder ; & fi l'on joüe avec quelque perfonne d'une
qualité fupérieure, deux contre deux, & que cette
perfonne ait gagné la partie, fon affocié doit bien
fe garder de dire, Nous avons gagné, mais, Vous
avez gagné, Monfieur, ou Monfieur a gagné.

Il eft tout-à-fait contre la bien-féance de s'échauffer au jeu ; il ne faut pas cependant s'y négliger, ni
fe laiffer perdre par complaifance, afin de ne pas
laiffer croire à la perfonne avec qui on joüe, qu'on fe
met peu en peine de contribuer à fon divertiffement.

On peut joüer à plufieurs fortes de jeux, dont
les uns exercent plus l'efprit, & les autres exercent particulierement le corps.

Les jeux qui exercent le corps, comme la Paume,
le Mail, la Boule, les Quilles, font préferables aux
autres, & même à ceux qui exercent & qui appliquent trop l'efprit, comme font les Echets & les
Dames. Lors qu'on joüe à ces fortes de jeux, qui
donnent de l'éxercice au corps, il faut bien fe donner de garde de faire des contortions de corps ridicules ou indécentes, il faut auffi avoir égard de ne
s'y pas trop échauffer, & de s'abftenir de fe débou-
tonner, de quitter fes habits, ou même fon chapeau ;
car ce font des chofes que la bien-féance ne permet
pas. Lors qu'on joüe aux Echets ou aux Dames, il
eft de l'honnêteté de préfenter à la perfonne, avec
qui on joüe, les Echets blancs, & les Dames blanches

ches, ou de les placer devant elle, ou du moins de
l'y aider, ou de se disposer à le faire ; & de ne pas
souffrir qu'on nous donne les Echets blancs, ou les
Dames blanches, ni qu'on les place devant nous.

Il y a quelques jeux de Cartes ausquels il peut
être permis de joüer quelquefois, tel qu'est le Pi-
quet, parce que l'adresse y a quelque part, & qu'ils
ne sont pas purement de hazard ; mais il y en a qui
sont tellement du hazard, comme sont le Brelan,
le Lansquenet, les jeux de Dez, & d'autres semblables ; qu'ils sont non-seulement défendus par la
Loi de Dieu ; mais qu'il n'est pas même permis d'y
joüer, selon les régles de la bien-séance. Ainsi ils
doivent être regardez comme indignes d'une personne qui a de l'éducation.

L'honnêteté veut aussi que le tems qu'on employe
au jeu soit moderé, & que bien loin de joüer continuellement, comme font quelques-uns ; on ne joüe
pas même trop souvent, ni plusieurs heures de suite;
car ce seroit faire son occupation d'une chose, qui
n'est proprement qu'une cessation ou une interrup-
tion d'emploi, pour un petit tems ; & c'est ce qui
ne peut s'accommoder avec la sagesse que doit avoir
une personne qui a de la conduite.

ARTICLE IV.

Du Chant.

LE Chant est un divertissement qui est non-seulement permis, mais qui est même fort honnête,
& qui peut beaucoup servir à récréer l'esprit d'une
maniere trés-agréable & fort innocente en même
tems.

La bien-séance cependant, aussi-bien que la Religion, veulent qu'un Chrétien ne se laisse pas aller

à chanter toutes sortes de chansons, & qu'il prend
particulierement garde de ne pas chanter des chansons déshonnêtes, ni aucunes, dont les paroles
soient, ou trop libres, ou à double entente. En un
mot, il est trés-indécent à un Chrétien de chanter
des airs qui portent à l'impieté, ou dans lesquels on
fasse gloire de faire bonne chere, où dont les expressions & les termes témoignent qu'on se fait honneur, & qu'on prend un trés-grand plaisir de s'a-
bandonner à l'excés du vin; car outre qu'il est de
trés-mauvaise grace d'avoir de telles paroles dans
la bouche, elles pourroient beaucoup contribuer à
donner de l'inclination de tomber dans ces sortes de
déreglemens, quand même on n'y seroit pas actuel-
lement : les chansons inspirant bien plus facilement
à l'esprit ce qu'elles contiennent, que non pas les
paroles seules.

Saint Paul nous marque précisément en deux
endroits differens de ses Epîtres, que ce que des
Chrétiens doivent chanter, sont des Pseaumes, des
Hymnes & des Cantiques spirituels, & qu'ils les
doivent chanter du fond de leurs cœurs, & avec
affection, parce qu'ils contiennent les loüanges de
Dieu. Ce sont-là en effet les seuls airs qu'on devroit
entendre dans les maisons des Chrétiens, dans lesquelles le vice, & tout ce qui y porte, n'est pas
moins contraire à bien-séance, qu'aux régles de
l'Evangile, & dans lesquelles on ne doit rien entendre chanter, qui ne donne occasion de loüer
Dieu, & qui ne porte à la pratique du bien, & à
l'éxercice de la vertu.

C'étoit aussi la pratique des anciens Patriarches
qui ne faisoient des Cantiques, qui ne fussent, ou
pour loüer Dieu, ou pour le remercier de quelque
bien-fait qu'ils avoient reçû de lui. David qui se

a composé un grand nombre, les a tous composez à la loüange de Dieu ; l'Eglise qui se les est appropriez, qui les chante tous les jours, & qui les met dans la bouche des Chrétiens, les jours qu'ils s'assemblent solemnellement, pour rendre leurs devoirs à Dieu, semble les inviter à les chanter aussi, & à les répeter souvent en leur particulier, & les peres & meres à les apprendre à leurs enfans.

Comme on a traduit ces saints Cantique en nôtre Langue, & qu'on les y a mis en chant, tout le monde a la commodité & la facilité de les pouvoir chanter, aussi-bien que de les entendre, & de se remplir l'esprit & le cœur des saintes affections, dont ils sont pleins. Ce devroit être aussi un grand plaisir & un veritable divertissement pour les Chrétiens, de benir & de loüer souvent le Dieu de leur cœur.

Ce que l'honnêteté demande de ceux qui sçavent chanter ou joüer de quelque instrument, est de ne le faire jamais connoître, de n'en donner aucune marque, & de n'en jamais parler, pour se procurer de l'estime par ce moyen ; mais si cela vient à être connu, & que dans la rencontre, quelqu'un à qui on doive du respect ou de la déférence, prié de joüer ou de chanter quelque air, soit pour faire connoître ce qu'on sçait, soit pour divertir la Compagnie, on peut honnêtement s'en excuser, & pour l'ordinaire il est à propos de le faire ; mais si cette personne persiste & fait instance, ce ne seroit pas sçavoir le monde, si on hésitoit davantage à chanter ou à joüer de l'instrument, comme on en prie ; car s'il arrivoit qu'on ne chantât pas tout-à-fait bien, ou qu'on ne fût pas habile à toucher l'instrument, ceux de la Compagnie auroient ensuite sujet de dire, que cela ne valoit pas la peine de se faire tant prier,

au lieu qu'en acquiefçant d'une manière honnête
& fans beaucoup de retard, on fe met à couvert de
tous les reproches, ou au moins on n'y donne aucune occafion.

Il faut, lors qu'on eft ainfi obligé de chanter en
Compagnie, éviter de touffer & de cracher, & il
faut bien fe garder de fe loüer foi-même, & de dire,
par exemple : voilà un bel endroit, en voici encore
un plus beau, prenez garde à cette chute, &c. cela
a trop l'air de vanité & de propre eftime, & c'eft
une marque qu'on s'en fait à croire. Il n'eft pas
non plus bien-féant de faire de certains geftes, qui
marquent de la complaifance ; c'eft ce qu'il n'eft pas
auffi bien de faire, lors qu'on joüe de quelque
inftrument.

Lors qu'on eft ainfi prié de chanter ou de joüer
de quelque inftrument, il ne faut pas faire l'un ou
l'autre trop long-tems, car il faut éviter d'être ennuyeux, afin de ne donner occafion à perfonne de
dire ou de penfer, que c'eft affez.

Ce feroit une incivilité de le dire, fi la perfonne
qui chante, mérite quelque confidération ; c'eft
auffi une grande incivilité d'interrompre une perfonne qui chante.

Il faut bien prendre garde de ne jamais chanter
feul & entre fes dents, cela eft bien mal-honnête,
en quelque occafion que ce foit ; il ne l'eft pas moins
de contrefaire une perfonne que l'on auroit oüi chanter, foit parce qu'elle chante du nez, ou parce
qu'elle a des inflexions de voix, ou des manieres
qui font mefféantes & defagréables, cela fent le
baladin & le farceur de Theatre.

Il eft auffi de trés-mauvaife grace d'avoir des
manieres de chanter, qui foient ou groffieres ou
affectées & fingulieres.

Le moyen de bien chanter & agréablement, c'est
de le faire d'une maniere tot-à-fait naturelle.

ARTICLE V.

Des Divertissemens qui ne sont pas permis.

IL y a d'autres divertissemens, dont on ne traitera pas ici fort au long, parce qu'ils ne sont nullement permis à un Chrétien, ni par les Loix de la
Religion, ni par les régles de la bien-séance.

Il y en a qui ne sont ordinaires qu'aux Riches,
& ce sont les Bals, les Danses & les Comédies. Il
y en a qui sont plus ordinaires aux Artisans & aux
Pauvres, tels que sont les Spectacles des Operateurs,
des Baladins, des danseurs de cordes & des Marionnettes, &c.

A l'égard des Bals, il suffit de dire que ce sont
des assemblées, dont la conduite n'est ni Chrétienne
ni honnête; elles se font de nuit, parce qu'il semble qu'on se veüille cacher à soi-même, ce qui se
passe d'indécent dans ces assemblées, & qu'on les
veüille passer dans les tenébres, afin d'y avoir plus
de liberté pour y connoître le crime. Les personnes
chez qui elles se tiennent, sont d'une obligation in-
dispensable d'ouvrir leur porte indifferemment à
tout le monde, ce qui fait que leurs maisons devien-
nent comme des lieux infâmes & publiques, où les
peres & meres exposent leurs propres filles à toutes
sortes de jeunes garçons, qui ont la liberté d'entrer
dans ces Assemblées; prennent aussi celle d'éxami-
ner toutes ces personnes qui les composent, de s'attacher à celles qui leur plaisent davantage, de les
entretenir, de les mener danser, de les cajoler, &
de prendre avec elles des libertez que les peres &
les meres auroient honte de leur permettre dans leurs

maisons particulieres ; & les filles par le luxe & la
vanité qui paroissent dans leurs ajustemens, par le
peu de modestie qui se rencontre dans leurs regards,
dans leurs gestes, & dans toute leur personne, se
prostituent aux yeux & aux désirs de tous ceux qui
entrent dans ces Bals, & donnent occasion à ceux
qui sont les plus moderez, d'avoir des sentimens
bien éloignez de ceux que la pudeur & l'honnêteté
Chrétienne devroient leur inspirer.

Pour ce qui est des Danses, qui se font dans des
maisons particulieres, avec moins d'excés, elles ne
sont pas moins contre la bien-séance, que celles qui
se font avec plus d'éclat dans les Bals ; car si un an-
cien Païen a dit, qu'il n'y a personne qui danse,
étant sobre, s'il n'a perdu l'esprit ; qu'est-ce que
l'esprit Chrétien peut inspirer touchant ce divertissement, qui n'est propre, dit saint Ambroise, qu'à
exciter des passions honteuses, & dans lesquels la
pudeur perd tout son éclat parmi le bruit qu'on fait
en sautant, & en s'abandonnant à la dissolution.
C'est aux Meres impudiques & adulteres, dit ce
saint Pere, à souffrir que leurs filles dansent, &
non pas aux meres chastes & fidelles à leurs Epoux,
qui doivent apprendre à leurs filles, à aimer la vertu, & non pas la Danse, dans laquelle, dit saint
Chrisostome, le corps est deshonoré par des démarches honteuses & indécentes ; & l'ame l'est encore bien davantage ; car les Danses sont les jeux
des Démons, & ceux qui en font leurs divertissemens & leurs plaisirs, sont les ministres & les es-
claves des Démons, & se conduisent en bêtes, plûtôt qu'en hommes, puis qu'ils s'y abandonnent à
des plaisirs brutaux.

Quoique les Comédies passent dans le monde pour
un divertissement honnête ; elles sont cependant la

honte & la confusion du Christianisme. En effet,
ceux qui s'adonnent à cet emploi ; & qui en font
leur profession, ne sont-ils pas publiquement notez
d'infamie, peut-on aimer une profession, en couvrant de confusion ceux qui l'exercent, & cet art
n'est-il pas infâme & honteux, dans lequel toute
l'adresse des Comédiens consiste à exciter, & en
eux-mêmes, & dans les autres des passions honteuses, pour lesquelles une personne bien née ne peut
avoir que de l'horreur. Si on y chante, on y entend
que des airs qui sont rendus propres à fortifier ces
mêmes passions, y a-t'il de l'honnêteté & de la bien-
séance dans les ajustemens, dans la nudité & dans
la liberté des Comédiens & des Comédiennes ; &
y a-t'il quelque chose dans leurs gestes, dans leurs
paroles & dans leurs postures, qui ne soit indécent
à un Chrétien, non-seulement de faire, mais même de voir. Il est donc tout-à-fait contre l'honnêteté d'en faire son plaisir & son divertissement.

Les Théatres des Operateurs & des Baladins,
qui sont ordinairement dressez dans les places publiques, sont regardez comme indécens par tous les
honnêtes gens, & ce ne sont ordinairement que les
Artisans & les Pauvres qui s'y arrêtent ; il semble
même que ce soit pour eux que le Démon les ait
dressez, afin que comme ils n'ont pas le moyen de
goûter le poison dont il se sert pour perdre les ames
dans les Comédies, le puissent facilement s'en ras-
fasier aux pieds de ces Thréatres publics ; & c'est
pour cette fin qu'il y employe des Bouffons, qu'il
les exerce, qu'il les forme, & qu'il s'en sert, selon
l'expression de S. Chrisostome, comme une peste,
dont il infecte toutes les Villes dans lesquelles ils
vont : Aussi-tôt que ces Bouffons ridicules, dit ce
saint Pere, ont proféré quelque blasphême, ou

quelques paroles déshonnêtes, on void que les plus fous s'emportent dans des éclats de rire, ils leur applaudissent pour des choses pour lesquelles on devroit les lapider.

C'est donc un divertissement bien honteux, & un détestable plaisir, selon l'expression de ce Pere, que celui que l'on prend à ces sortes des spéctacles, & ceux qui s'y trouvent, font paroître qu'ils ont le cœur & l'esprit bien bas, & bien peu de Christianisme.

Il n'est pas plus séant à un Chrétien de se trouver à des réprésentations de Marionnettes, dans lesquelles il n'y auroit rien qui parût agréables & divertissant, si on y mêloit des paroles qui fussent ou impertinentes ou déshonnêtes, avec des postures & des mouvemens tout-à-fait indécens. C'est pour ce sujet qu'une personne sage ne doit regarder ces sortes de spéctacles qu'avec mépris, & que les peres & les meres ne doivent jamais permettre à leurs enfans d'y assister, & doivent leur en inspirer beaucoup d'honneur, comme étant contraire à ce que la bien-séance, aussi-bien que la pieté Chrétienne exige d'eux.

L'honnêteté ne permet pas non plus de se trouver aux spéctacles des Danseurs de cordes, qui exposant tous les jours leur vie, aussi-bien que leur ame, pour divertir les autres, ne peuvent être ni admirez, ni même regardez par une personne raisonnable, puis qu'ils font ce qui doit être condamné de tout le monde, en suivant les seules lumieres de la raison.

CHAPITRE VI.

Des Visites.

ARTICLE PREMIER.

De l'obligation que la bien-séance impose de faire
des Visites, & des dispositions qu'on
doit y apporter.

ON ne peut, en vivant dans le monde, se
dispenser de faire quelquefois des visites, &
d'en recevoir, c'est une obligation que la bien-
séance impose à tous les Séculiers.

La sainte Vierge même, quoique retirée en a rendu une à sa Cousine sainte Elizabeth ; & il semble
que l'Evangile ne la rapporte fort au long, qu'afin
qu'elle puisse être le modele des nôtres. Jesus-Christ
aussi en a rendu plusieurs fois, par un simple mouvement de charité , n'y ayant d'ailleurs aucune
obligation.

Pour bien connoître, & pour discerner en quelles
occasions on doit rendre des visites, il faut se persuader que la bien-séance Chrétienne ne doit se régler en cela que sur la justice & sur la charité, &
qu'elle ne peut exiger qu'on rende des visites, que
ce ne soit, ou par necessité, ou pour donner à quelqu'un des marques de respect , ou pour entretenir
l'union & la charité.

Les occasions dans lesquelles la bien-séance, fon-
dé sur la justice, veut qu'on fasse des visites, sont,
lors qu'un pere, par exemple, a un enfant, ou qu'un
enfant a son pere malade; ils sont obligez l'un &
l'autre de visiter celui qui est malade, pour lui ren-

dre tous les devoirs que la pieté & la justice Chrétienne, aussi bien que la bien-séance exigent d'eux.

Quand quelqu'un a de la haine & de l'aversion
pour quelqu'autre personne, l'un & l'autre sont obligez, selon les régles de l'Evangile, de se visiter, pour
se reconcilier ensemble & vivre tout-à-fait en paix.

La bien-séance Chrétienne se régle sur la charité
dans les visites, lors qu'on en rend, ou pour contribuer au salut du prochain, en quelque maniere
que ce soit, ou pour lui rendre quelque service
temporel, ou pour lui rendre ses respects, lors qu'on
lui est inferieur, ou pour conserver avec lui une
union tout-à-fait Chrétienne. C'a toûjours été dans
quelqu'une de ces vûës, & par quelques uns de ces
motifs, que Jesus-Christ Nôtre Seigneur s'est conduit dans toutes les visites qu'il a renduës; car c'é-
toit, ou pour convertir les ames à Dieu, comme
dans la visite qu'il rendit à Zachée; ou pour ressus-
citer des morts, comme lors qu'il alla chez sainte
Marthe, aprés la mort du Lazare, & chez le Chef
de la Sinagogue; ou pour guerir des malades, comme lors qu'il alla chez saint Pierre & chez le Centenier; quoi qu'il ne fît tous ces miracles, qu'afin
de gagner les cœurs à Dieu, ou pour marque d'a-
mitié & de bien-veillance, comme dans la derniere
visite qu'il rendit aux saintes Marthe & Marie
Magdeleine.

Il n'est donc pas permis à un homme d'une conduite sage & réglée de rendre continuellement des
visites aux uns & aux autres; car c'est une vie mal-
heureuse, dit le Sage, d'aller ainsi de maison en
maison; & faire un trés-grand nombre de visites
inutiles, comme font quelques-uns, c'est perdre
un tems trés-précieux, que Dieu ne nous a donné
qu'afin de l'employer pour le Ciel.

On doit aussi prendre garde dans les visites qu'on rend, de ne les pas faire trop longue ; cela est ordinairement, ou ennuyeux, ou incommode aux autres.

A l'égard des personnes ausquelles on rend visite, il faut avoir égard qu'elles ne vivent pas dans la débauche, ni dans le libertinage, & qu'elles ne fassent rien paroître dans leurs discours, qui marquent ou de l'impieté, ou du manquement de Religion. La bien séance ne peut souffrir qu'on ait communication avec ces sortes de personnes.

Lors qu'on veut rendre visite à une personne, pour qui on doit avoir de la consideration, & à qui on doit du respect, il faut avoir soin de prendre du linge blanc, & des habits propres, car c'est une marque de respect, il faut aussi prévoir auparavant ce qu'on aura à lui dire.

Si quelqu'un chargé de quelque commission à l'égard de la personne qu'on va voir, on doit faire une attention particulierement à ce qu'il dit, & si on ne l'entend pas bien, ou si on ne le comprend pas, il faut le faire connoître honnêtement, & en demandant excuse, afin, ou qu'on le répete, ou qu'on le fasse mieux comprendre ; il est cependant de l'honnêteté de faire ensorte de ne jamais obliger une personne à répeter ce qu'elle nous a dit.

ARTICLE II.

De la maniere d'entrer chez une personne à qui on rend visite.

LOrs qu'on rend visite à quelqu'un, si la porte est fermée, c'est une grande incivilité de heurter fort, & de fraper plus d'un coup, il faut, & fraper doucement, & attendre patiemment qu'on ouvre la porte.

A la porte d'une Chambre, ce n'eſt pas ſçavoir ſon monde, de frapper, il faut gratter ſi la perſonne ne vient, il faut s'éloigner da la porte, afin qu'on ne ſoit pas trouvé comme écoutant & faiſant l'eſpion, ce qui ſeroit fort choquant, & de trés-mauvaiſe grace.

Lors qu'on ouvre la porte, & que celui qui ouvre demande le nom, il faut le dire, & jamais ne le qualifier du nom de Monſieur.

Si la perſonne qu'on va viſiter eſt d'une qualité beaucoup ſuperieure, & n'eſt pas au logis, il n'eſt pas bien-ſéant de dire ſon nom, mais il faut dire qu'on reviendra une autre fois.

Si on eſt tout-à-fait étranger dans la maiſon où on va, c'eſt une effronterie d'y entrer de ſoi-même, ſans y être introduit ; il faut attendre qu'on diſe d'entrer, quand même la porte ſeroit ouverte ; s'il n'y a perſonne pour y introduire, & que raiſonnablement on croyoit avoir la liberté d'entrer, on doit entrer ſans faire de bruit, & ne pas pouſſer la porte bien fort ; on doit auſſi prendre garde, lors qu'on ouvre ou qu'on ferme une porte, & lors qu'on marche, de le faire fort doucement & ſans bruit.

Il eſt trés-incivil, lors qu'on ouvre une porte, de la laiſſer ouverte, il faut avoir ſoin de la fermer s'il n'y a perſonne pour le faire.

Lors qu'on attend dans une Salle ou dans l'Antichambre, il n'eſt pas bien-ſéant de ſe promener, cela eſt même défendu chez les Princes ; & il l'eſt encore moins de chanter ou de ſiſler.

Il eſt de l'honnêteté d'avoir la tête nuë dans les Salle & dans les Antichambres, quand même il n'y auroit perſonne ; & lors qu'on eſt chez une perſonne d'une qualité éminente, on doit avoir égard de ne pas ſe couvrir, & de ne pas ſe ſeoir le dos tourné à son portrait, ou à celui d'une personne qu'on doit respecter.

Ce seroit une incivilité d'entrer la tête couverte dans des lieux où sont des personne de mérite & de considération, il faut toûjours se découvrir avant que d'y entrer.

Si la personne qu'on visite écrit, ou fait quelqu'autre chose, il n'est pas honnête de la détourner, il faut attendre qu'elle se détourne elle-même: il n'est pas non plus honnête d'entrer hardiment dans un lieu où il y a plusieurs personnes occupées ensemble, à moins qu'il n'y ait quelque affaire fort pressée ou de conséquence qui y oblige, ou qu'on le puisse faire sans être apperçû.

Lorsqu'on entre dans la Chambre d'une personne, & qu'elle n'y est pas, il ne faut pas aller de côté & d'autre, ni examiner ce qui est dedans; mais on doit sortir sur le champ, & attendre dans l'Antichambre. S'il y a des papiers, des écrits, des lettres, ou autres choses semblables, sur la table de la Chambre, il est incivil de regarder curieusement ce que c'est, il faut au contraire en détourner sa vûë, & s'en éloigner.

ARTICLE III.

De la maniere dont on doit saluër les personnes qu'on visite.

LA premiere chose qu'on doit faire en entrant dans la Chambre d'une personne qu'on visite, est de la saluer, & de lui faire la reverence. Ce fut aussi la premiere chose que l'Evangile nous marque, que fit la sainte Vierge, dans la visite qu'elle rendit à sainte Elizabeth.

On peut saluer quelqu'un de trois manieres dif-

ferentes, il y a une maniere de faluer, qui eft fort
ordinaire ; qui fe fait, premierement en fe découvrant de la main droite, & portant le chapeau jufqu'en bas, en étendant tout-à-fait le bras, & en
le pofant tournez en dehors fur la cuiffe droite, &
laiffant la main gauche dans fa liberté. Seconde-
ment, en regardant doucement & honnêtement la
perfonne qu'on faluë. Troifiémement, en baiffant
la vûë, & inclinant le corps. Quatriémement, en
tirant le pied fi on veut s'avancer, en le coulant droit
en avant ; fi on veut reculer, en tirant le pied gauche en arriere ; fi l'on paffe à côté, en gliffant le
pied en avant, du côté de la perfonne qu'on veut
faluer, & en fe courbant & faluant la perfonne,
quelques pas avant que d'être vis-à-vis d'elle.

Si on faluë une Compagnie toute entiere, on doit
couler le pied en avant, pour faluer la perfonne la
plus confidérable, & tirer le pied gauche en arriere
pour faluer de côté & dautre toute la Compagnie.

On ne doit jamais entrer dans aucun lieu, fans
faluer céux qui y font, & c'eft a celui qui entre,
à faluer le premier ceux qui font dedans.

C'eft auffi ce que doit faire celui qui rend vifite,
quand même la perfonne à qui il le rend lui feroit
inférieure ; & c'eft ce que fit la fainte Vierge, à
l'égard de fainte Elizabeth. Celui auffi qui reçoit
la vifite, doit faire enforte de prévenir & de s'a-
vancer, pour faluer le premier, fi même la perfonne
qui rend vifite eft de grande qualité, ou fi on lui
doit beaucoup de refpect, il eft de la bien-séance
d'aller le recevoir à la porte, ou même plus avant,
lors qu'on eft averti de fa venuë, pour lui donner
de plus grandes marques du refpect qu'on lui porte,
c'eft ce que firent les faintes Marthe & Marie Ma-
deleine, au rapport de l'Evangile, lors que Jefus-

Chrift les alla vifiter, pour reffufciter le Lazare.
C'eft auffi l'honneur que lui fit le Centenier, lors
qu'il alla chez lui pour guerir fon ferviteur, qui
étoit malade.

La deuxiéme maniere de faluer, eft de faluer dans
la converfation, c'eft ce qu'on nomme ordinairement
une honnêteté ; cela fe fait fimplement en fe découvrant, & fe courbant tant foit peu, & en gliffant
le pied d'une maniere imperceptible, lors qu'on eft
debout.

La troifiéme maniere de faluer, qui eft extraordinaire, fe fait quand quelqu'un vient de dehors,
ou lors qu'on prend congé de quelqu'un avant fon
départ pour un voyage : cette maniere de faluer fe
fait comme la premiere ; mais il faut ôter fon gand
de la main droite, fe courber humblement, & aprés
avoir porté la main jufqu'à terre, la rapporter enfuite doucement auprés de fa bouche, comme pour
la baifer ; on doit enfuite fe relever doucement, de
peur que la perfonne qu'on faluë, venant à s'incliner & peut être à embraffer par honnêteté, on ne
lui donne quelque coup de tête.

Celui qui faluë ainfi, doit s'incliner d'autant plus
profondement, que la perfonne qu'il faluë eft plus
qualifiée.

Une autre maniere extraordinaire de faluer, eft
d'embraffer la perfonne qu'on aborde, ce qui fe fait
en portant la main droite deffus l'épaule, & la
gauche deffous, & en fe préfentant l'un à l'autre
la jouë gauche, fans fe la toucher ni la baifer.

Le baifer eft encore une autre maniere de faluer,
qui ne fe fait ordinairement que par des perfonnes
qui ont quelque union entre elles, & quelque amitié particuliere. Il étoit fort un ufage dans la pri-
mitive Eglife, parmi les Fidéles, qui s'en fervoient.

comme d'une marque fenfible d'une union trés-intime entre eux, & d'une charité parfaite ; c'eft ainfi que faint Paul exhorte les Romains, & tous les autres aufquels il écrit de fe faluer.

La réverence qu'on fait, lorsqu'on faluë, ne doit pas être courte, mais baffe & grave ; elle fe doit auffi faire fans affectation & fans tenir aucune pofture indécente, comme feroit de tourner la tête de mauvaife grace, de faire des contortions de corps qui foient défagréables, de fe baiffer démefurément, ou de fe tenir trop droit. Il eft indécent en parlant de faire la réverence à chaque mot qu'on dit.

Il eft contre la bien-féance de demander aux perfonnes fuperieures, & indifferemment à toutes fortes de perfonnes, lors qu'on les faluë : *Comment vous portez-vous ?* Car à moins que les perfonnes que l'on faluë, ne foient malades, il n'eft pas permis de demander cela qu'à des amis & à des perfonnes égales.

Une perfonne cependant, qui eft d'une qualité fuperieure, le peut faire à l'égard d'une perfonne qui eft de moindre condition qu'elle, ou qui eft fon inferieure.

Il eft trés-incivil aux femmes & aux filles qui portent le mafque, de faluer quelqu'un ayant le mafque fur le vifage, il faut toûjours l'ôter, c'eft auffi une grande incivilité d'entrer dans la Chambre, d'une perfonne, à qui on doit du refpect, la robe trouffée, le mafque au vifage, ou la coëffe fur la tête, à moins que ce ne foit une coëffe claire.

ARTI.

ARTICLE IV.

*De la maniere dont on doit aborder une personne
à qui on rend visite, & dont on doit
s'asseoir & se lever.*

QUand on entre dans la Chambre d'une personne, & qu'il y en a d'autres qui lui parlent, il
ne faut pas s'approcher, mais demeurer du côté de
la porte, jusqu'à ce que ces personnes ayent cessé de
parler, ou que la personne à qui on a affaire s'avance ou fasse signe d'avancer.

Il est incivil, en abordant une personne, soit
qu'on la visite, soit qu'on la rencontre, de lui crier
tout haut, comme font quelques-uns : *Bon jour,
Monsieur, je suis vôtre serviteur* ; il faut attendre
pour lui parler, qu'on soit proche d'elle, & ne lui
parler que d'un ton médiocre.

Aussi-tôt qu'on est entré, il faut faire ses complimens debout, & demeurer en cette posture, jusqu'à ce que les personnes qui sont au-dessus de soi,
soient assises ; car il n'est pas séant de s'asseoir ou
de demeurer assis, pendant que des personne, à qui
on doit du respect, sont debout ; il ne l'est pas non
plus de s'asseoir avant que la personne, à qui on
rend visite, le dise, ou qu'elle en fasse signe.

Si la personne qu'on visite est, ou d'une qualité
éminente, ou qu'on doive avoir pour elle beaucoup
de considération & de respect, il ne faut pas ni
s'asseoir, ni se couvrir qu'elle ne le commande expressément ; il faut cependant le faire, lors qu'elle
l'ordonne en témoignant par quelque signe extérieur,
qu'on ne le fait que par la soumission qu'on lui doit ;
& lors qu'on s'asseoit, il faut avoir égard de se
mettre au-dessous de cette personne, de prendre un

fiége moins confidérable que le fien , & de ne fe pas
placer , ni à côté d'elle , ni tout-à-fait proche , mais
à l'autre bout , non pas cependant face à face , mais
un peu à côté , parce que cette pofture eft plus ref-
pectueufe ; on ne doit pas non plus , ni la regarder
fixement , ni s'en approcher de trop prés , pour ne
fe pas mettre en danger de la toucher , ou de lui
faire fentir fon haleine , ou de l'incommoder en
quelqu'autre maniere que ce foit.

Afin qu'on fçache difcerner & faire le choix des
fiéges , il eft à propos de dire ici que le plus honorable eft le fauteüil , & entre les fauteüils , celui
qu'on doit préferer eft le plus commode.

Aprés le fauteüil , fuit la chaife à dos , & aprés
la chaife à dos le pliant.

Lors qu'on eft dans fa maifon , il faut donner la
premiere place à fes égaux , & hors de fa maifon ,
il ne la faut accepter , qu'aprés qu'on l'aura offerte
deux ou trois fois.

Lors qu'on eft affis auprés du feu , pour fe chauffer , ou fur un banc dans un Jardin , le milieu eft
la premiere place , la droite eft la deuxiéme , & la
gauche eft la troifiéme.

Lors qu'on eft affis dans une Salle , le côté de la
fenêtre eft ordinairement la premiere place , & le
côté de la porte eft la derniere.

Lors qu'on eft dans une Chambre , il eft fort indécent de s'affeoir fur le lit , particulierement fi c'eft
le lit d'une femme ; & en tout tems , il eft trés-mal-
honnête , & d'une familiarité infupportable de fe
jetter fur un lit , & de s'y entretenir.

Dans les vifites & dans la converfation , il eft de
la bien-féance de fe conformer à ceux qu'on vifite ,
& de ne point affecter de particularité ; & il feroit
tout-à-fait contre le refpect qu'on doit avoir pour

les personnes avec qui on est, d'être assis, lors qu'elles sont debout, de marcher lors qu'elles s'arrêtent, & de lire, & encore plus de dormir, lors qu'elles s'entretiennent.

Il est aussi de l'honnêteté de condescendre & de s'accommoder aux autres, dans tout ce qui est permis, selon la Loi de Dieu; car il n'est jamais permis de la violer par condescendance à qui que ce soit, ni d'approuver le mal qu'on voit faire aux libertins.

Il faut dans ces occasions, ou quitter la Compagnie, ou témoigner la peine qu'on en ressent, par la modestie & la gravité de son visage.

ARTICLE V.

De la maniere dont on doit prendre congé & sortir dans les visites.

LOrs qu'on visite quelqu'un qui est d'une qualité superieure, ou lors qu'on s'apperçoit que la personne, avec qui on est, à quelque affaire, il ne faut pas s'arrêter si long-tems, qu'elle ne soit obligée de donner congé, il est toûjours mieux de se retirer de soi-même, & il est à propos de prendre le tems pour sortir, lorsque la personne, avec qui on est, demeure dans le silence, lors qu'elle appelle quelqu'un, ou quelle donne quelqu'autre indice, qu'elle a affaire ailleurs.

Il ne faut pas sortir sans saluer, & sans prendre congé de la Compagnie; si cependant on est chez une personne de qualité éminente, & qu'un autre lui parle aussi-tôt aprés nous, ou qu'elle s'applique à une autre chose, aussi-tôt aprés nous avoir parlé, Il est à propos de sortir sans rien dire, & même sans que cela paroisse; & si on sort seul, il faut ouvrir & fermer sa porte doucement, sans faire aucun bruit, & ne pas se couvrir qu'aprés l'avoir fermée.

On doit faire ensorte, lors qu'on sort de chez une personne qu'on vient de visiter, qu'elle ne se donne pas la peine de nous accompagner, il ne faut pas cependant refuser cet honneur, avec trop d'instance; & en cas que la personne veüille le faire, il faut avoir pendant ce tems-là la tête découverte, & en donner ensuite à cette personne des marques de reconnoissance, en lui faisant profondément la réverence.

Si c'est une personne d'une qualité beaucoup superieure, qui fait cet honneur, il ne faut pas l'en empêcher, car ce ne seroit pas paroître assez persuadé qu'elle sçait ce qu'elle fait, & il arriveroit quelquefois qu'on se défendroit mal-à-propos d'une chose, que cette personne ne feroit pas à nôtre sujet; il faut la laisser venir jusqu'où il lui plaira, & en la quittant la remercier civilement, en lui faisant une profonde réverence.

On peut cependant en cette occasion faire connoître par quelque signe, qu'en cas que ce soit à nous qu'on fasse cet honneur, nous ne nous l'attribuons pas, & cela se doit faire en poursuivant son chemin, sans regarder derriere soi, ou même en se tournant ou en s'arrêtant, comme pour laisser passer la personne qui nous accompagne, & montrer par là qu'on croit qu'elle a affaire ailleurs; s'il paroît manifestement que ce soit à nous que cette personne fait cette civilité, de nous accompagner & de nous conduire; alors il faut s'arrêter tout court, se retirer à côté, & ne point sortir de sa place qu'elle ne soit rentrée dans sa Chambre.

Lors que la personne qu'on a visité, reconduit jusqu'à la porte de la ruë, il ne faut pas, ni monter à cheval ni en carosse en sa présence, mais il faut la prier de rentrer dans sa maison avant qu'on y monte ; si cependant elle veut rester , il s'en faut aller à pied & laisser suivre le carosse , ou mener le cheval par la bride , si on est à cheval , jusqu'à ce que cette personne soit rentrée , ou qu'elle ne paroisse plus.

ARTICLE VI.

Des visites qu'on reçoit , & de la maniere de s'y comporter.

ON ne doit jamais faire attendre une personne qui vient rendre visite , à moins qu'on ne soit engagé avec des personnes d'une plus haute qualité que n'est celle-là , ou qu'on ne soit occupé à des affaires publiques , & il est tout-à-fait incivil de laisser attendre à la porte , dans une court , dans une cuisine , ou dans une allée ; & si on est obligé de faire attendre quelque tems , il faut que ce soit dans une place propre , où la personne ait commodité de s'asseoir , si elle souhaite , & il est de la bien-séance de lui envoyer quelqu'un , si on le peut , qui soit d'une condition honnête , pour l'entretenir pendant le tems qu'elle sera obligée d'attendre.

Il faut tout quitter pour recevoir la personne qui rend visite , si c'est une personne de plus haute qualité , ou avec qui on n'ait aucune familiarité , on doit quitter la robe de chambre , le bonnet de nuit & le repas , & avoir l'épée au côté , si on la porte , ou le manteau sur les épaules.

Dés lors qu'on est averti que quelque personne , à qui nous devons beaucoup de respect , vient nous visiter , il faut aller à la porte , ou si elle est entrée , le plus loin qu'on peut pour la recevoir , il faut lui faire le plus d'honneur qu'il est possible , l'introduire & la faire asseoir dans la plus belle Chambre,

lui donner par tout le pas, & lui donner la place
la plus honorable ; c'est un honneur qu'il faut rendre dans sa maison, non-seulement aux personnes de
plus haute qualité , mais aussi à toute personne,
qui n'est pas ou Domestique ou inferieure.

Lors cependant qu'on est visité par une personne
de grande qualité, ou qui est beaucoup superieure;
si cette personne témoigne souhaiter qu'on retran-
che une partie des déferences qu'on a pour elle, il
ne faut pas s'abstenir à les continuer ; la bien-séance
demande qu'on fasse paroître alors, par une entiere
soumission à cette personne, qu'elle a tout pouvoir
dans nôtre maison.

Si la personne qui rend visite, surprend dans la
Chambre, il faut se lever promptement , si on est
assis , tout quitter pour lui faire honneur & s'abstenir de toute action , jusqu'à ce qu'elle soit sortie ;
cependant si on est au lit, il y faut demeurer.

Il faut dans sa maison ceder la place la plus honorable , même à ses égaux , il ne faut pas presser
un inferieur de prendre une place qu'il ne peut pas
accepter sans manquer à son devoir.

Il est incivil de laisser debout des personnes qui
rendent visite, il faut toûjours leur offrir des siéges
qui soient des plus honorables & des plus commodes ; & s'il y en a de plus ou de moins honorables
& commodes. Ceux qui le sont le plus doivent ê-
tre presentez aux personnes de la Compagnie qui
sont les plus qualifiées ; on doit aussi leur faire plus
d'honneur qu'aux autres , il ne faut pas s'asseoir ,
que la personne qui rend visite ne soit assise, & il
faut se mettre sur un siége qui soit moindre que
le sien.

Lorsque quelqu'un vient, dans le tems du repas,
& entre dans la chambre, il est de l'honnêteté de

lui offrir à manger ; mais il est aussi de la bien-séance à celui qui rend visite, si la personne qu'il visite est à Table, de la remercier fort honnêtement, & ils doivent l'un & l'autre se contenter de cela, & comme l'un ne doit pas presser, l'autre ne doit non plus accepter l'offre qu'on lui fait.

Il ne faut jamais dans les visites & dans la conversation, & particulierement dans les visites qu'on reçoit, témoigner qu'on est ennuyé de l'entretien, demandant, par exemple, quelle heure il est ; si cependant on a quelque chose de pressé à faire, on pourroit adroitement le faire tomber dans le discours.

La civilité veut qu'on prévienne ceux avec qui on est, particulierement ceux qui rendent visite dans les choses où on peut leur rendre service, il faut, par exemple, en sortant leur ouvrir les portes, détourner ce qui pourroit ôter la liberté du passage, lever une tapisserie, sonner une cloche, frapper à la porte, ramasser quelque chose qu'on auroit laissé tomber, porter la lumiere ; & si c'est une personne qui ait de la peine à marcher, il est de la civilité de lui donner la main, pour lui aider à marcher. Tout le monde doit s'efforcer de prévenir les autres dans ces sortes de choses & en d'autres semblables ; mais une personne à qui on rend visite, a une obligation particuliere de le faire à l'égard de la personne qui la lui rend, elle passeroit pour très-incivile, si elle ne s'acquittoit pas de ce devoir.

Lorsque les personnes qui sont venuës rendre visite sortent de la maison, on doit les aller reconduire jusqu'au-delà de la porte du logis. Si la personne qu'on conduit, doit monter en carosse, il ne faut pas la quitter qu'elle ne soit montée, & si c'est une femme il faut l'aider à y monter.

Si cependant on est une personne publique, com-

me un homme d'Etat, un Magiſtrat, un Avocat,
un Procureur, qui ſoit tellement occupé, on peut
ſe diſpenſer de conduire ceux qui viſitent ; & il eſt
même de leur diſcretion de prier celui qu'ils vont
voir, de ne pas ſortir de ſa Chambre ou de ſon
Cabinet.

Si on eſt avec pluſieurs perſonnes, dont les unes
s'en vont, & les autres demeurent ; ſi la perſonne
qui s'en va eſt plus conſiderable que celle qui reſte,
on doit la reconduire ; ſi elle eſt inferieure, il faut
la laiſſer aller, & demeurer avec les autres, en lui
demandant néanmoins excuſe ; ſi elle eſt égale, il
eſt à propos d'examiner, laquelle ou leſquelles, tout
conſideré, ont plus que les autres, ou quels ſont
ceux à qui nous ſommes plus redevables, & reconduire, ou pien tenir compagnie à ceux qui ſont
ſuperieurs.

Il eſt auſſi de l'honnêteté, ſi on avoit laiſſé chez
nous quelque jeune perſonne, de ne la pas laiſſer
retourner ſeule chez elle, particulierement s'il étoit
nuit, & qu'il y eût loin ; mais il faut la reconduire
ſoi-même, ou la mettre entre les mains de perſonnes ſûres.

ARTICLE VII.

*De la maniere dont on doit ſe comporter lorſque
quelqu'un ſurvient dans une Compagnie,
ou quelqu'un en ſort.*

LOrs qu'on eſt en Compagnie, & que quelqu'un
arrive, pour qui on doit avoir de la conſidera-
tion, ſi c'eſt une perſonne qui ſoit ſuperieure à celles avec qui on eſt, on doit demander humblement
permiſſion à la Compagnie de lui aller rendre ſes
devoirs, & puis quitter la Compagnie pour aller la

recevoir ; fi cette perfonne eft inferieure, il faut ne
pas quitter la Compagnie ; mais fe contenter de fe
lever, lors qu'elle entre dans la place où on eft, &
faire la reverence, ou quelqu'autre figne, qui marque nôtre civilité : on doit toûjours en cette occafion, lorfque la perfonne qui arrive merite quelque
honneur, quitter le difcours, le jeu & toute autre
chofe, & tous doivent fe lever, lui faire la réverence, & demeurer debout & découverts, jufqu'à
ce que cette perfonne fe foit affife. La bien-féance
veut auffi qu'on lui offre la place qui eft duë à fa
qualité, & qu'on lui dife en peu de mots, ce qu'on
difoit & ce qu'on faifoit avant fon arrivée : C'eft
ce que doit faire le Maître du logis, ou celui qui
avoit commencé le difcours.

Si celui qui arrive, eft quelqu'un qui veüille parler, on peut le faire entrer ; & lors qu'il entre, celui à qui il veut parler doit fe lever de fon fiége,
& le recevoir debout & découvert, quand même
ce ne feroit qu'un Laquais, qui voudroit parler de
la part d'une perfonne, pour laquelle on doit avoir
du refpect.

Quand quelque perfonne fort & quitte la Compagnie, tous doivent fe lever & lui faire place, &
la Compagnie l'ayant faluée, felon que fa qualité le
demande. Le Maître du logis doit demander à la
Compagnie permiffion de l'accompagner, en cas
qu'elle foit plus qualifiée que celles qui reftent, finon
il doit feulement faire excufe à celui qui fort, fans
quitter la Compagnie. Ce n'eft pas qu'il eft de la
bien-féance d'accompagner toûjours celui qui fort
plûtôt que ceux qui reftent.

Lors qu'on entre dans une Compagnie & qu'on
en fort, il ne faut pas paffer par le milieu de la Compagnie, & devant ceux qui la compofent ; mais les

ayant saluez , il faut passer par derriere , si cela se
peut , si on ne le peut pas commodément , il faut
passer au milieu , en demandant excuse , & en s'inclinant un peu pour saluer la Compagnie.

Quand quelqu'un entre dans une place où il y a
Compagnie , si les autres se levent & lui font civilité,
il est de son devoir de saluer la Compagnie , & de
ne pas prendre , ni la premiere place , ni le siége
d'un autre ; il ne doit pas non plus souffrir qu'aucun de la Compagnie lui porte un siége ; mais il doit
prendre la derniere place , & choisir si cela se peut
un siége qui soit au-dessous des autres ; si cependant
on l'oblige de prendre une place plus honorable , il
ne doit pas la refuser opiniâtrement , sur tout quand
dans la Compagnie il n'y a personne qui soit d'une
condition beaucoup plus élevée que la sienne.

Quand quelqu'un sort d'une Compagnie , il doit
le faire d'une maniere fort honnête , sans permettre
qu'on interrompe , ni le discours , ni ce que l'on fait,
ni que les autres se lévent , ni que le Maître du logis quitte sa place pour lui tenir compagnie , à
moins qu'honnêtement ou absolument il ne puisse
l'en empêcher.

CHAPITRE VII.

Des Entretiens & de la Conversation.

LEs hommes qui viennent dans le monde , ayant
toûjours affaire ensemble , sont obligez de con-
verser & de parler souvent les uns avec les autres ;
c'est ce qui fait qu'une des choses sur lesquelles la
bien-séance prescrit plus de régles , est la conversation ; elle veut que les Chrétiens y soient extrême-

ment circonspects dans leurs paroles : c'est le conseil que leur donne S. Jacques dans son Epître ; le Sage même veut que cette circonspection soit si grande, que quoi qu'il sçache l'estime qu'on fait dans le monde de l'or & de l'argent ; il veut cependant qu'on préfere l'attention qu'on doit avoir dans ces paroles à l'affection que les hommes ont naturellement de conserver leur or & leur argent ; en disant, qu'il faut fondre son or & son argent, & en faire une balance pour peser ses paroles, c'est sans doute avec sujet ; car si, comme dit le même Apôtre saint Jacques, on peut s'assûrer qu'un homme est parfait lors qu'il ne commet point de peché ; & en parlant on doit aussi se persuader, que celui qui dans ses paroles ne fait point de fautes contre la bien-séance, sçait parfaitement bien comment il faut vivre dans le monde & a une conduite exterieure, trés-sage & trés-réglée.

Cette circonspection qu'on doit avoir dans ses paroles, demande qu'elles soient accompagnées de quelques conditions, dont on traitera dans l'Article suivant.

ARTICLE I.

Des conditions dont la bien-séance veut qu'on accompagne ses paroles.

LA bien-séance veut qu'un Chrétien ne profere jamais aucune parole qui soit contraire à la verité ou à la sincerité, qui manque de respect pour Dieu & de charité à l'égard du prochain, & qui ne soit necessaire ou utile ; & dites avec prudence & avec discrétion. Ce sont-là les conditions dont elle exige que toutes nos paroles soient accompagnées.

§. I.

*De la verité & de la sincerité que la bien-séance
exige dans les paroles.*

L'Honnêteté ne peut fouffrir qu'on dife jamais aucune fauffeté, elle veut au contraire que fuivant l'avis de faint Paul, chacun dife la verité, en parlant à fon prochain; & elle fait regarder, felon le fentiment du Sage, le menfonge comme une tache honteufe dans un homme, & la vie des menteurs comme une vie fans honneur, que la confufion accompagne toûjours : Elle veut auffi avec le même Sage, que le menfonge, dans lequel on feroit tombé par foibleffe ou par ignorance, n'exempte pas de confufion.

C'eft ce qui fait que le Prophete Roi auffi éclairé des régles de la bien-féance que de la veritable pieté, dit que fi quelqu'un veut que fes jours foient heureux, il doit garder fa bouche de proferer des menfonges, & le Sage veut que nous regardions le menfonge comme une chofe fi déteftable, qu'il dit qu'un voleur vaut mieux qu'un homme qui ment fans ceffe, parce que le menfonge fe trouve toûjours dans la bouche des gens déreglez; on peut même dire, qu'il fuffit de s'adonner au menfonge, quand on auroit que ce feul vice pour devenir bien-tôt déreglé; & la raifon eft celle que donne Jefus-Chrift, lorfque pour infpirer plus d'horreur du menfonge, il dit que le Diable en eft l'Auteur & le pere.

Le menfonge étant quelque chofe de fi honteux, tout ce qui en approche tant foit peu, eft tout-à-fait contraire à la bien-féance; ainfi il n'eft pas honnête, lorfque quelqu'un nous interroge, ou que nous lui parlons, de lui dire des paroles qui foient équi-

voques & à double fens ; & il eft plus féant ordinairement de s'excufer honnêtement de répondre,
lors qu'il paroît qu'on ne peut pas dire fimplement
ce qui eft vrai, ou ce que l'on penfe, que d'être
double dans les paroles, car la langue double, dit
le Sage, attire une grande confufion ; & c'eft auffi
ce que faint Paul condamne dans les Ecclefiaftiques,
comme une chofe qui en eux n'eft pas fupportable.

Il faut particulierement être circonfpects dans fes
paroles, lorfque quelqu'un nous a confié quelque
fecret ; ce feroit une grande imprudence de le découvrir, quand même nous recommanderions à celui à qui nous le difons, de n'en parler à perfonne,
& que celui qui nous l'a révelé ne nous auroit pas
chargé de ne le pas dire à d'autres ; car comme dit
trés-bien le Sage, celui qui découvre les fecrets de
fon ami, perd toute créance, & fe met en état de ne
plus trouver d'amis, felon fon cœur ; il regarde même cette faute, comme étant beaucoup plus confidérable, que de donner des injures à fon ami ; en
difant, qu'aprés des injures, il y a encore lieu de fe
réconcilier ; mais que lors qu'une ame eft affez mal-
heureufe pour en venir jufqu'à réveler les fecrets de
fon ami ; il ne refte plus aucune efperance de retour,
& que c'eft en vain que l'on tâche de le regagner.

§. II.

Des fautes qu'on peut faire contre la bien-féance
en parlant contre la Loy de Dieu.

IL y a des gens qui fe font honneur de faire paroître
de l'irreligion dans leurs difcours, foit en mêlant
des paroles de l'Ecriture Sainte parmi des chofes pro-
fanes, foit en riant & en fe divertiffant de chofes
faintes & des pratiques de Religion, foit en faifant

gloire de quelque peché ; & quelquefois de[s]
[ac]tions qu'ils ont commiſes : Ce ſont proprement ce[ux]
là, dont le Sage dit, que leurs entretiens ſont i[n]-
ſupportables, parce qu'ils font un jeu & un div[er]-
tiſſement du peché même. Leur conduite eſt au[ssi]
tout-à-fait contre la bien-ſéance.

Les juremens & les blaſphêmes ſont auſſi des pl[us]
grandes fautes qu'on puiſſe faire contre les Loi[x de]
la bien-ſéance, c'eſt ce qui fait que dans les Compagnies on fait moins d'état d'un jureur que d'u[n]
Chartier, & on a une telle horreur, que ſelon qu[e]
le dit l'Eccleſiaſtique, qui expoſe d'une maniere ad-
mirable, ce qui eſt ſelon les régles de la bien-ſéan[ce.]
Le diſcours de celui qui jure ſouvent fait dreſſer l[es]
cheveux à la tête, & à ces mots horribles on do[it]
ſe boucher les oreilles ; il ajoûte même, pour engager ceux qui jurent à s'en déshabituer, que la play[e]
ne ſortira point de leur maiſon, mais qu'elle ſer[a]
toûjours remplie de la peine qu'ils en ſouffriront [il]
faut donc prendre garde, en ſuivant l'avis du mêm[e]
Sage, de n'avoir pas ſans ceſſe le nom de Dieu dan[s]
la bouche, & de ne pas mêler dans ſes diſcours [les]
noms des Saints, quand ce ne ſeroit qu'inutilemen[t]
& ſans aucun mauvais deſſein, mais ſeulement pa[r]
habitude ; car on ne doit pas prononcer les noms d[e]
Dieu & des Saints avec irréverence, & ſans une
juſte raiſon ; & il n'eſt jamais ſéant de mêler dans
les diſcours ordinaires ces ſortes de paroles : *Jeſus,*
Maria, Helas, mon Dieu ! il n'eſt pas même ſéant
de prononcer de certains juremens qui ne ſignifient
rien, comme, *Pardi, Mardi, Morbleu, Jarni, &c.*
Ces ſortes de paroles ne doivent jamais être dans la
bouche d'une perſonne bien née, lors qu'on en prononce quelqu'une de cette nature devant des perſonnes pour qui on eſt obligé d'avoir de la conſidé-

ration, on perd le respect qu'on leur doit. On ne
doit pas s'excuser, selon le sentiment du Sage, sur
ce qu'on jure sans faire tort à personne ; car ce n'est
pas, dit-il, une excuse qui justifie devant Dieu.

§. III.

Des fautes qu'on peut faire contre la bien-séance
en parlant contre la Charité que l'on
doit au prochain.

LA civilité est si exacte à l'égard de ce qui regarde
le prochain, qu'elle ne permet pas qu'on le choque en quoi que ce soit ; c'est pourquoi elle ne donne
pas la liberté de parler jamais mal de personne. C'est
aussi une chose que saint Jacques avertit les premiers
Chrétiens être contraire à la Loi de Dieu ; en disant
que celui qui médit de son frere, médit de la Loi.
Il est donc trés-mal-honnête de trouver toûjours à
redire à la conduite des autres ; & si on ne veut pas
en dire du bien, on doit se taire. Le Sage ordonne
que lorsque quelqu'un médit d'un autre, on bouche
ses oreilles avec des épines, il veut même qu'on
s'éloigne si fort de la médisance qu'on n'écoute pas
une méchante langue.

Il ne veut pas qu'on rapporte à quelqu'un, ce
qu'un autre a dit de lui ; & il avertit qu'on prenne
bien garde de n'en avoir pas la réputation, parce que,
dit-il, le semeur de rapports, sera haï de tout le monde. Il faut donc, selon l'avis du même Sage, pour
se conduire avec bien-séance, lors qu'on a entendu
une parole contre son prochain, la faire mourir
dans soi-même.

Lors qu'on entend médire de quelqu'un, la civilité veut qu'on excuse ses défauts, & qu'on fasse
enforte d'en dire du bien, qu'on tourne en bonne

part, & qu'on estime quelque action qu'il aura faite.
C'est le moyen de s'attirer l'affection des autres, &
de se rendre agréable à tout le monde.

Il est trés-mal-honnête de parler désavantageuse-
ment d'une personne absente devant une autre qui
auroit les mêmes défauts ; comme qui diroit, c'est
une petite tête, devant une personne qui a la tête petite ; ou c'est un boiteux, devant un autre qui boite ;
ces sortes de paroles offensent les présens aussi-bien
que les absens ; mais il est encore beaucoup plus mé-
séant de faire à quelqu'un des reproches d'un défaut
naturel, cela est d'un esprit bas & mal élevé.

ARTICLE II.

De la maniere dont on doit parler des personnes & des choses.

IL est trés-mal-honnête de parler de soi, de faire des
comparaisons de sa conduite avec celle des autres,
de dire par exemple, pour moi je n'en use pas ainsi
il ne faut pas cela. Une personne de ma qualité, &c.
Ces sortes de discours sont importuns & indiscrets ;
car il n'est jamais séant de faire comparaison de soi
avec les autres, & des autres entr'eux, ces sortes de
comparaisons sont toûjours odieuses.

Il y a des gens qui sont tellement pleins d'eux-mêmes, qu'ils entretiennent toûjours ceux avec qui
ils conversent, de ce qu'ils ont fait, & ce qu'ils
font, & qu'on doit beaucoup estimer toutes leurs
paroles & toutes leurs actions. Cette conduite dans
les entretiens est trés - incommode & beaucoup à
charge aux autres.

Se vanter & parler avantageusement de soi, est
une chose qui choque tout-à-fait la bien-séance ;
c'est aussi une marque d'un petit esprit, & il est d'un
homme sage de ne jamais parler de ce qui le regarde,

si ce n'est pour répondre à ce qu'on lui demande ; encore, doit-il le faire avec beaucoup de modération, beaucoup de modestie & de retenuë.

Lors qu'on raconte quelque chose qu'on a fait, ou qui s'est passée quand on étoit en la Compagnie d'une personne d'une qualité beaucoup supérieure, Il est de fort mauvaise grace de parler en plurier, & de dire, par exemple, *Nous allâmes*, ou *nous fîmes une telle chose* ; il ne faut pas alors, ni se loüer, ni même parler de soi : mais il est de l'honnêteté de parler de la chose, comme si on n'y avoit pas eu de part, de dire, *Monsieur fit une telle chose, Monsieur alla en un tel endroit.*

Lors aussi qu'un inferieur parle d'une action qu'une personne, à qui il doit du respect, a fait à son égard, il n'est pas à propos qu'il dise cruëment, *Monsieur me dit cela, Monsieur me vint voir*; mais il faut user de ces termes, ou de semblables manieres de s'exprimer : *Monsieur me fit l'honneur de me dire cela, Monsieur me fit l'honneur de me venir voir*; ou bien en s'adressant à cette personne, *Vous eûtes la bonté, vous me fîtes la grace de vous employer pour moi*, &c.

L'honnêteté demande, quand on a à parler des autres, qu'on en parle toûjours d'une maniere avantageuse, c'est pourquoi on ne doit jamais parler de qui que ce soit, qu'on en aye du bien à dire. Il n'y a personne, quelque méchant qu'il soit, dont on ne puisse dire du bien. Il ne seroit pas cependant séant de parler en bonne part d'une personne qui auroit fait quelque faute publique, ou commis quelque infamie ; il vaut mieux dans ces occasions garder le silence à son égard ; & si d'autres en parlent, témoigner qu'on en a de la compassion.

Il faut aussi faire paroître dans ses discours, qu'on a de l'estime pour les autres ; c'est pourquoi il ne faut pas se contenter d'en parler avec avantage; mais on doit prendre garde de ne le pas faire froidement, ou en disant quelque chose qui aille en leur honneur, de ne pas ajoûter un *mais*, qui ôte toute l'estime que ce qu'on a dit en pourroit donner.

Il faut toûjours parler des personnes dont on s'entretient, d'une maniere respectueuse, & avec des termes qui marquent beaucoup de déference pour elle, à moins que cette personne soit inferieure; & encore en cette occasion, doit-on se servir d'expressions honnêtes, qui marquent qu'on a de la consideration pour elles.

La bien-séance ne permet pas, lors qu'on veut appeller quelqu'un, de l'apper tout haut, ni sur un escalier, ni par une fenêtre; ce seroit aussi manquer au respect qu'on doit avoir pour les personnes, avec qui on est, que d'user de cette liberté; on doit, ou envoyer quelqu'un; pour chercher la personne, dont on a besoin, ou l'aller chercher soi-même, pour le faire venir.

Si on étoit en la compagnie d'une personne à qui on doit du respect, & qu'elle eût besoin de quelqu'un, il ne faudroit pas souffrir qu'elle allât le chercher; mais il seroit de l'honnêteté de lui rendre proprement ce service.

C'est une incivilité de demander à une personne superieure, comme elle se porte, quand on la salue, à moins qu'elle ne soit malade ou incommodée; cela n'est permis qu'à l'égard des personnes qui sont d'une condition égale ou inferieure.

Si on veut témoigner à quelqu'un, à qui on doit beaucoup de respect, la joye qu'on a de sa santé, il est à propos, avant que de lui parler, de s'informer de quelque Domestique, comment elle se porte, & puis de lui dire d'une maniere honnête : J'ai bien de la joye, Monsieur, que vous soyez en parfaite santé.

Lors qu'on demande à quelqu'un comment il se porte, il doit répondre : Je me porte très-bien, par la grace de Dieu, disposé à vous rendre mes très-humbles respects, ou se servir de quelques expressions semblables, que l'esprit pourra fournir.

Il y a des personnes qui, lors qu'elles sont en compagnie, ne parlent que de ce qu'elles aiment, & quelquefois même des choses, dont l'affection leur sera très-singuliere ; si elles aiment un Chien, un Chat, un Oiseau, ou quelqu'autre Bête, elles en feront continuellement le sujet de leur conversation ; elles lui parleront même de tems en tems, en présence des autres ; & interrompront quelquefois pour cela le discours ; cela même les empêche souvent de faire attention à ce que les autres disent : Toutes ces manieres d'agir sont des marques de petitesse & de bassesse d'esprit, & sont très-contraires aux régles de la bien-séance, & au respect qu'on doit avoir pour les personnes avec qui on converse, & elles ne sont pas supportables dans une personne bien née ; car ces sortes d'affections étant quelque chose de bien bas, il est très-messéant d'en témoigner tant de contentement, & de les faire paroître avec tant d'éclat.

Il y en a d'autres, que quand ils ont fait quelque voyage ou quelque affaire, ou quand il leur est arrivé quelque accident, soit qu'il soit agréable, soit qu'il soit fâcheux, ne cessent de parler de ce qui leur est arrivé ou de ce qu'ils ont vû ou entendu, ou de ce qu'ils ont fait ; il semble que parce que ces sortes de narrations leur plaisent, elles doivent aussi plaire à ceux qui les entendent ; c'est une marque de l'amour qu'ils ont pour eux-mêmes, & de la complaisance qu'ils ont dans tout ce qu'ils font, ou qui leur arrive.

ARTICLE III.

De la maniere d'interroger , de s'informer , de reprendre , & de dire son sentiment.

C'Est une grande incivilité d'interroger & de faire des questions à une personne, pour qui on doit avoir de la consideration, & même à quelque personne que ce soit, à moins qu'elle ne nous soit beaucoup inférieure, & qu'elle dépende de nous, ou qu'on ne soit obligé de le faire parler : & en ce cas on doit le faire d'une maniere fort honnête, avec beaucoup de circonspection.

Lors qu'on veut sçavoir quelque chose d'une personne, à qui on doit du respect, il est de la bienséance de lui parler, de maniere qu'elle soit obligée de répondre à ce qu'on lui demande, sans cependant l'interroger, si on veut sçavoir, par exemple, si une personne ira en compagnie, ou en quelque endroit, il seroit incivil & contre le respect, de lui dire : *Irez-vous, Monsieur, à la campagne* ; cela est choquant & trop familier ; mais il faudroit se servir de semblables façons de parler : *Vous irez sans doute à la campagne*, ou *en un tel endroit* ; cette maniere de tourner la chose n'a rien d'offençant, que la curiosité qu'on excuse, quand elle est respectueuse.

C'est aussi une incivilité, en parlant à une personne, de lui dire : *Vous m'entendez bien. M'entendez-vous bien Je ne sçai si je m'explique bien. &c.* Il faut sans user de toutes ces façons de parler, pour suivre son discours.

Quand on entre dans une compagnie, il est fort malhonnête de s'informer de ce qu'on y dit. Ces sortes d'informations sont trop familieres, & sont d'une personne qui ne sçait pas vivre ; il faut se conten-

ter, quand on est assis, d'écouter celui qui parle ;
& d'entrer à propos dans la conversation.

Il ne faut pas non plus dans la conversation s'informer ou vouloir sçavoir d'une personne, quelque honnêtement qu'on le demande, où elle a été, d'où elle vient, ce qu'elle a fait, ou ce qu'elle veut faire ; ces sortes de questions sont trop libres, & ne sont nullement permises, il ne faut point ordinairement s'informer de ce qui regarde les autres, à moins qu'on ait une particuliere obligation de le faire, pour sçavoir quelque chose qui regarde la personne qui s'informe ou qui a rapport à elle.

C'est une incivilité imprudente de prévenir une personne qui interroge, en répondant avant qu'elle ait achevé de parler, quand même on sçauroit bien ce qu'elle veut dire.

C'est aussi une incivilité de répondre le premier à une personne à qui on doit du respect, lors qu'elle demande quelque chose, en présence d'autres personnes qui sont au-dessus de soi, quand même il ne s'agiroit que de choses communes & ordinaires ; par exemple, si elle demandoit quelle heure il est, on doit laisser répondre les personnes les plus considérables de la compagnie, à moins que celui qui interroge ne s'adresse à quelqu'un en particulier, qui seroit alors obligé de répondre.

Il est trés-mal-honnête & peu respectueux lors qu'on répond à quelqu'un, soit à ses parens, soit à d'autres, de dire simplement, oüi & non, il faut toûjours y ajoûter quelques termes d'honneur, & dire par exemple, *Oüi, mon Pere, oüi, Monsieur*; on doit cependant prendre garde de ne pas répeter trop souvent ces mots dans le discours, ce qui seroit incommode & ennuyeux aux uns & aux autres.

Lors qu'en répondant on est obligé de contredire

une perſonne, pour qui on doit avoir de la conſidération, il n'eſt pas ſéant de le faire cruëment,
on doit alors uſer de circonlocution, en diſant :
Vous me pardonnerez, Monſieur, on *je vous demande pardon, Monſieur, ſi j'oſe dire que, &c.*

ARTICLE IV.

*De ce que la bien-ſéance permet ou ne permet pas
à l'égard de diſputer, d'interrompre
& de répondre.*

SAint Paul avertit ſon Diſciple Timothée, de ne
point s'arrêter à des diſputes de paroles : Rien
auſſi n'eſt plus contraire aux régles de la bien-ſéance,
on doit dans cette vûë, ſelon le ſentiment du même
Apôtre, rejetter toutes les queſtions ſottes & inutiles, parce qu'elles ne cauſent que des diſputes.

En effet, ſi on veut empêcher une choſe, il faut
en ôter les occaſions, & la raiſon qu'en donne S. Paul,
eſt que le Serviteur de Dieu ne doit point conteſter.

Il faut donc bien prendre garde, lors qu'on eſt
en compagnie de ne ſe point oppoſer aux ſentimens
des autres, & de ne rien expoſer qui ſoit capable
d'exciter des diſputes & des conteſtations ; mais ſi
les autres avancent quelque choſe qui ne ſoit pas vrai,
ou qui paroiſſe être dit mal-à-propos, on peut pro-
poſer ſimplement ſa penſée, & avec tant de déférence
que ceux qui ſeront d'un ſentiment contraire ne s'en
faſſe pas de peine. Si quelqu'un contredit nôtre ſentiment, nous devons témoigner que nous le ſoû-
mettons volontiers au ſien, à moins que le ſien ne
ſoit tout-à-fait contraire aux Maximes Chrétiennes
& aux régles de l'Evangile ; car alors on ſeroit obligé de ſoutenir ce qu'on a avancé ; mais on doit le
faire d'une maniere ſi honteuſe & ſi reſpectueuſe,
que la perſonne que l'on contredit, bien loin de s'en

offenfer, écoute volontiers nos raifons, & s'y rende, à moins qu'elle ne foit tout-à-fait entêtée & déraifonnable ; car la parole douce, felon la fentiment du Sage, acquiert beaucoup d'amis, & adoucit les ennemis.

Si on fe trouve avec une perfonne qui foit facile à prendre un fentiment contraire, la bien-féance demande qu'on ne foit pas facile à dire fon fentiment fur quelque chofe ; car comme dit fort bien le Sage, la promptitude à difputer, allume le feu de la colere, & comme les grands parleurs font plus fujets à foûtenir opiniatrément leur fentiment : il faut, fuivant l'avis du même fage, ne pas difputer avec un grand parleur, pour ne pas mettre davantage de bois dans fon feu. On doit fur tout prendre garde, comme il le confeille encore, de ne jamais contredire la parole de verité. C'eft pourquoi fi on n'eft pas bien inftruit de quelque chofe, on doit toûjours prendre le parti de fe taire & d'écouter les autres.

ARTICLE V.

Des Complimens & des mauvaifes manieres de parler.

IL y deux fortes de complimens ; les uns par lefquels nous exprimons quelque paffion, foit de conjoüiffance, pour témoigner de la joye de quelque chofe d'avantageux, qui eft arrivé à la perfonne que nous rencontrons, ou que nous allons voir, foit de condoléance, par laquelle nous donnons à la perfonne, à qui il eft arrivé quelque chofe de fâcheux, des marques de la douleur que nous en reffentons ; ou de remerciemens, en témoignant nôtre reconnoiffance, pour les bienfaits que nous avons reçûs de quelqu'un, & l'obligation que nous lui en avons, lui proteftant de nôtre affection & fi-

delité à son service ; ou bien c'est une protestation
que nous faisons à quelqu'un de nôtre soumission
à son égard, & de nôtre soumission à son égard,
& de nôtre fidelité à son service ; c'est quelquefois
aussi pour nous plaindre, & pour témoigner nôtre
ressentiment de quelque tort qui nous a été fait : Ces
sortes de complimens doivent être faits d'une maniere qui soit naturelle, sans affectation, & sans
qu'il paroisse qu'on les a étudiez ; car alors la bouche
parlant de l'abondance du cœur, persuade bien mieux
que tout ce que l'on pourroit dire avec préparation,
qui étant moins naturel, ne sera jamais si bien reçû.

Une autre sorte de compliment, est la loüange,
celle-ci demande beaucoup plus de circonspection &
d'adresse que l'autre, pour persuader que l'on dit
la verité. Pour rendre cette sorte de compliment
agréable, il faut que celui que nous loüons soit persuadé que nous le sommes de son merite, & alors
le compliment sera sincere & obligeant ; il faut aussi
prendre garde dans ces sortes de complimens de ne
point élever les personnes, à qui on les fait, beaucoup au-dessus de ce qu'elles sont, & de ne pas faire
de grandes exagérations qui se détruisent d'elles-
mêmes ; il faut pour que cette sorte de complimens
soient raisonnables, qu'il y ait de la sincerité & de
la verité, ensorte que par la droiture, la sagesse &
la modération, qui doivent toûjours s'y rencontrer,
que la modestie ne soit point blessée, ni dans celui
qui les dit, ni dans celui qui les reçoit. C'est pourquoi celui qui les exprime, doit se souvenir, que
quoiqu'il faille beaucoup estimer les autres, on doit
cependant les loüer peu, & avec beaucoup de précaution & de retenuë, suivant l'avis du Sage, qui
nous dit avec raison, qu'il ne faut loüer personne
avant la mort ; car dans les loüanges, il y a toûjours

à craindre, à l'égard de celui qui les donne, qui ne manque de sincerité, & à l'égard de celui qui les reçoit; qu'il n'en tire de la vanité. C'est pourquoi ces sortes de complimens doivent être rares, & ne doivent être faits qu'avec beaucoup de prudence & de circonspection.

CHAPITRE VIII.

De la maniere de se comporter en marchant dans les ruës & dans les voyages, en carosse & à cheval.

ON doit faire attention, lors qu'on marche dans les ruës, de ne marcher ni trop lentement, ni trop vîte. La lenteur dans le marcher est une marque, ou de pesanteur, ou de négligence; il est cependant plus indécent de marcher trop vîte, cela est beaucoup plus contre la modestie.

Il n'est pas à propos de s'arrêter dans les ruës même, pour parler à quelqu'un, à moins qu'il n'y ait quelque necessité, encore ne faut-il le faire que pour peu de tems.

Lors qu'on va en voyage avec une personne, à qui on doit du respect, il est de la bien-séance de s'accommoder à tout, de trouver tout bon, de ne se faire peine de rien, de ne jamais faire attendre aprés soi, d'être toûjours prête à rendre service à tous les autres; il y en a qui dans les voyages n'ont jamais de bonnes Chambres, jamais de bons lits, & qui ne trouvant rien de bien, ni de bien fait, sont toûjours trés-incommodes aux autres.

S'il arrive dans les voyages qu'on soit obligé de coucher dans la chambre d'une personne, pour qui on doit avoir du respect, il est de la civilité de la laisser dés-habiller & coucher la premier, & ensuite de se des-habiller à l'écart , & auprés du lit où on doit coucher, puis de se coucher doucement, & ne faire aucun bruit pendant la nuit.

L'honnêteté demande aussi comme on s'est couché le dernier qu'on se léve le premier ; car il n'est pas honnête qu'une personne qu'on doit honorer nous voye dés-habillé , ni aucun de nos habits traîner.

Il est de fort mauvaise grace, lors qu'on est arrivé au lieu où on doit loger , de courir aux chambres & aux lits, pour choisir les meilleurs ; il seroit même mal-honnête à une personne , qui seroit beaucoup au-dessus des autres, de prendre pour elle tout ce qu'il y a de bon & de commode dans un mauvais logement , sans se mettre en peine si les autres ont la moindre commodité.

Lors qu'on monte en carosse, il faut toûjours prendre la moindre place , si on est de qualité inferieure à ceux avec qui on y entre.

Dans un carosse il y a ordinairement deux places au fonds, & deux sur le devant; la premiere place du fond est à droite, la seconde à gauche ; & en cas qu'il y en ait trois, la troisiéme est au milieu ; s'il y a deux portieres, la premiere est à droite, la seconde à gauche ; & les places qui sont du côté du fonds, sont les principales.

Si on monte en carosse avec une personne de qualité superieure, ou qu'on doit honorer , il est du respect qu'on lui doit, de la laisser monter la premiere, & d y entrer le dernier ; lors cependant que cette personne ordonne de monter en son carosse, avant elle, quoiqu'il ne le faille faire, qu'en étant fort pressé, on doit cependant se rendre, après avoir témoigné par quelque signe de civilité, qu'on se fait violence, puis s'asseoir à la derniere place, & n'en pas prendre une plus haute , qu'on n'y soit comme forcé.

On peut & on doit se mettre dans le fonds du carosse, si la personne de qualité, avec qui on y est l'ordonne, & se mettre auprés d'elle, si elle le souhaite; car il n'est pas permis de le faire, sans un ordre exprés; il n'est pas non plus de la bien-séance de se mettre sur le devant, vis-à-vis d'elle, mais on doit se retirer à sa gauche, ensorte cependant qu'on soit tourné de son côté, & ne se pas couvrir qu'elle n'en ait fait instance.

Lors qu'on est en carosse, il est trés-incivil d'y regarder en face qui que ce soit de ceux qui y sont, de s'appuyer contre le dossier, & de s'accouder en quelqu'endroit que ce soit, on doit y tenir le corps droit & retenu, & les pieds joints le plus que l'on peut, ne pas croiser les jambes, & ne les pas mettre trop prés de celles des autres, à moins qu'on ne soit fort pressé, & qu'on ne puisse faire autrement.

Il est aussi trés-indécent, & tout-à-fait contre la bien-séance de cracher dans le carosse, & si on est obligé d'y cracher, on doit le faire dans son mouchoir; si on crache par une portiere, ce qui n'est pas tout-à-fait honnête, à moins qu'on ne soit assis, on doit alors porter la main vers la jouë pour la couvrir.

Quand on sort du carosse, il est de la civilité de descendre le premier, sans attendre qu'on le dise, afin de donner la main à la personne qualifiée, quand elle sort, soit homme, soit femme, pour l'aider à descendre, on doit aussi toûjours descendre par la portiere qui est la plus proche, s'il n'y a point d'inconvenient; si même il n'y a personne pour ouvrir la portiere, il est à propos de se presser de le faire, lors qu'une personne de qualité, descendant de son Carosse, ordonne d'y demeurer pour l'y attendre, il est de la bien-séance d'en descendre en même tems qu'elle, tant par respect, que pour l'aider, & l'y remonter enfuite ; on doit auſſi en deſcendre encore lors qu'elle y veut remonter, & n'y rentrer qu'aprés elle.

Lors qu'étant en Caroſſe, on ſe rencontre en un lieu par où paſſe le ſaint Sacrement, on doit deſcendre de caroſſe, & ſe mettre à genoux, ſi c'eſt une Proceſſion ou un Enterrement ; ou bien le Roi, la Reine, les Princes les plus proches du Sang Royal, ou les perſonnes d'un caractere ou d'une dignité éminente ; il eſt du devoir & du reſpect de faire arrêter le caroſſe, juſqu'à ce qu'elles ſoient paſſées, aux hommes d'avoir la tête nuë, & aux femmes de lever le maſque.

Il n'eſt pas de la bien-ſéance de monter en caroſſe ou a cheval devant une perſonne, pour qui on doit avoir quelque conſidération ; ſi on ne peut obtenir d'elle honnêtement qu'elle ſe retire, avant que l'on monte, il eſt à propos de faire avancer le caroſſe ou le cheval, juſqu'à ce qu'on ne la voye plus, & d'y monter enſuite.

Lors qu'on monte à cheval avec une perſonne qu'on doit honorer, il eſt de l'honnêteté de la laiſſer monter la premiere, de l'aider à monter, & de tenir l'étrier ; il faut auſſi de même qu'à pied lui ceder la premiere place, & aller un peu derriere elle, ſe réglant ſur le train qu'elle va ; ſi cependant on étoit au-deſſus du vent, & qu'on jettât de la pouſſiere ſur cette perſonne, il faudroit changer de place.

S'il ſe rencontre une Riviere, un Gué, ou un bourbier à paſſer, il eſt de l'ordre & de la raiſon de paſſer le premier ; & ſi on eſt derriere & qu'on doive paſſer aprés la perſonne, à qui on doit du reſpect, on doit s'eloigner d'elle ſuffiſamment, afin que le cheval ne jette ſur elle, ni eau, ni bouë. Si cette perſonne galoppe, il faut prendre garde de n'aller pas plus vîte qu'elle, & de ne pas vouloir faire pa-

roître les bonnes qualitez de son cheval, à moins
que cette personne ne le commande expressément.

CHAPITRE IX.

Des Lettres.

COmme un Chrétien doit tâcher de ne pas faire
de visites inutiles, la bien-séance demande
aussi qu'il fasse ensorte de ne point écrire de Lettres
qu'elles ne paroissent être nécessaires.

Il y a trois sortes de Lettres, par rapport aux personnes ; car on écrit à ses supérieurs ou à ses égaux,
ou à ses inferieurs ; il y en a aussi de trois sortes, eu
égard aux choses qu'on écrit; car ce sont ou des Lettres
d'affaires, ou des Lettres familieres, ou des Lettres
de complimens ; toutes ces sortes de Lettres demandent chacune leur stile & leur maniere particuliere.

Il faut que celles qu'on adresse à ses Superieures,
soient trés-respectueuses ; que celles qu'on adresse à
ses égaux, soient honnêtes & donnent toûjours
quelques marques de consideration & de respect ;
pour ce qui est de celles qu'on écrit à ses inférieurs,
on doit leur y donner des témoignages d'affection
& de bien-veillance.

Lors qu'on écrit des Lettres d'affaires, on doit
d'abord entrer dans le sujet, se servir de termes propres à la chose, dont on parle, & s'expliquer nette-
ment & sans confusion. Si on a à parler de plus d'une
affaire, il est à propos d'écrire par Articles, pour
rendre ce qu'on a à dire plus clair, & son stile plus
net. Les Lettres familieres doivent être de même
stile que la maniere dont on s'exprime dans le difcours, pourvû qu'elle soit correcte, & on doit s'y
faire entendre, comme si on parloit.

Les Lettres de complimens doivent être civiles & obligeantes, & ne doivent pas être plus longues que les Complimens qu'on est obligé de faire.

Il est plus respectueux, lors qu'on écrit à une personne qui est superieure, de se servir de grand papier, & à qui que ce soit qu'on écrive, le papier doit être double ; on peut se servir de petit papier, pour écrire des Billets, mais il faut toûjours que le papier soit double.

On commence toutes les Lettres par ce mot, *Monsieur*, ou *Monseigneur* ; & si on écrit à une femme, ou à une fille, par un de ceux-ci, *Madame*, ou *Mademoiselle* ; si on écrit à son pere, on se sert de ces termes, *Monsieur*, *mon très-honoré Pere*, & ces mots, *Monsieur* on *Madame*, *&c* doivent s'écrire tout du long, sans abréviation ; car de les écrire autrement, cela seroit tout-à-fait contre le respect. Le mot, *Monsieur*, s'écrit seul au haut de la Lettre, du côté gauche, & entre ce mot, *Monsieur*, & le commencement de la Lettre, on doit laisser l'espace de plusieurs lignes de blanc, il faut en laisser plus ou moins, selon la qualité des personnes à qui on écrit, & en laisser plûtôt plus que moins ; mais il faut sur tout prendre garde que le premier mot du corps de la Lettre ne puisse pas faire de liaison, & comme une même période avec celui de Monsieur, comme cela seroit, si aprés le mot de Monsieur, on commençoit la lecture par cette expression : *Vôtre Laquais m'est venu dire* ; c'est à quoi on doit aussi faire attention dans le discours.

Il seroit trés-à-propos que les Chrétiens commençassent leurs Lettres par ces paroles, dont se sert ordinairement saint Paul, dans celles qu'il écrit, *La grace de Nôtre Seigneur Jesus-Christ soit avec vous*, ou *avec nous*. Les personnes superieures doivent dire

avec vous, & celles qui sont égales avec nous. Pour
ce qui est des personnes inferieures, la bien-séance
veut qu'en écrivant aux personnes qui leur sont superieures, elles commencent par leur demander leur
benediction, & leur donner des marques de leur
entiere & sincere soûmission.

Lors qu'on écrit à des personnes d'une qualité
éminente, il n'est pas séant de se servir du terme de
vous ; mais il faut pour l'ordinaire, en leur adressant le discours, employer le terme qui exprime le
titre de leur qualité. Ainsi au lieu de dire vous, on
doit dire aux Princes, *Vôtre Altesse*, aux Evêques,
aux Ducs & Pairs & aux Ministres d'Etat, *Vôtre
Grandeur*, aux Religieux qualifiez, *Vôtre Reverence*,
aux personnes à qui on doit du respect, il est à propos de répeter de tems en tems dans le corps de la
Lettre, *Monsieur* ou *Madame* ; il faut cependant
prendre garde de ne le pas mettre deux fois dans une
même période, & de ne le pas mettre aprés le mot
de *Moi*, ou d'une personne inferieure, & il faut mettre le mot de *Monseigneur*, avant le titre d'honneur
& le mot de *Monsieur* aprés celui de *Vous*, en cette
maniere : *C'est vous, Monsieur, de qui j'ai reçû cette
grace.*

On doit dans le corps de la Lettre employer le
terme qui exprime le titre d'honneur, tout autant
de fois qu'on le peut naturellement & sans le tirer
de loin, sinon il faut se servir du terme de *Vous*.

Lors qu'on se sert du titre d'honneur, on doit
tourner la phrase à la troisiéme personne, en disant,
par exemple, *Vôtre Altesse, Monseigneur, me per-
mettra bien de lui dire Vôtre Grandeur sçait bien
ce qui s'est passé, &c.* Il faut écrire ce terme, qui
marque la qualité tout du long, au moins la premiere fois qu'on le met dans chaque page, & quand

on l'abrege , mettre pour Vôtre Majesté , V. M. pour Vôtre Alteſſe , V. A. & ainſi des autres.

On met encore le terme de *Monſieur*, ou de *Monſeigneur*, à la fin de la Lettre, ſelon la qualité de la perſonne à qui l'on écrit ; & ce nom, *Monſieur*, doit être dans le milieu du blanc du papier, qui reſte entre la fin de la Lettre, & ces paroles, *Vôtre trés-humble & trés-obéïſſant Serviteur*. Le terme de *Monſeigneur*, ſe met le plus bas que l'on peut ; & ſi on a donné à la perſonne, à qui on écrit, un titre d'honneur dans le corps de la Lettre, au bas de la Lettre, aprés ce terme, *Monſeigneur*, il faut mettre de ſuite, mais un peu plus bas, en cette maniere : *Monſeigneur, de vôtre Alteſſe, de vôtre Excellence, ou de vôtre Grandeur, le trés-humble, &c.*

On doit prendre garde, en écrivant, de ſe ſervir des termes d'honnêteté & de civilité , dont on eſt obligé de ſe ſervir en parlant, pour garder les régles de la bien-séance , & il n'eſt pas permis de ſe ſervir de ces termes de ſervice & d'amitié , à l'égard des perſonnes qui ſont ſuperieures, ou pour leſquelles on doit avoir de la conſidération & du reſpect ; on ne doit en uſer qu'à l'égard des perſonnes qui ſont pour le moins un peu inferieures, on ne doit pas dire , par exemple : *Vous m'avez fait cette amitié , &c.* mais , *Vous , Monſieur , avez eû la bonté de me faire cette grace*

Il faut que le ſtile de la Lettre ſoit tel que le ſujet dont on traite. Si par exemple on parle d'une affaire ſérieuſe, il faut que le ſtile ſoit ſérieux , & il faut bien ſe garder de ſe ſervir de quelque expreſſion familiere , & encore moins de termes riſibles. On doit auſſi faire enſorte que le ſtile ſoit net & concis ; car il eſt à propos dans les Lettres, de s'étudier à mettre les choſes en peu de mots, c'eſt la maniere d'é-
crire

-crire qui a plus d'air & qui agrée davantage : Si la Lettre qu'on écrit eſt une réponſe, il faut d'abord marquer la datte de la Lettre qu'on a reçûë, & répondre Article par Article tous les chefs, & puis ajoûter enſuite ce qu'on a à mander de nouveau.

S'il y a encore beaucoup à écrire de la Lettre, & qu'il ne paroiſſe pas y avoir aſſez de place pour mettre le mot de *Monſieur*, à la place où il doit être, il ſera à propos de ménager tellement l'écriture, qu'il puiſſe reſter au moins deux lignes pour mettre à la page ſuivante ; car il ne doit jamais y avoir moins de deux lignes dans une page.

Au bas de la Lettre, pour marque de ſoumiſſion, à l'égard de la perſonne à qui on écrit, aprés ces termes : *Je ſuis*, ou autres ſemblables, on met ces mots : *Vôtre trés-humble & trés-obéïſſant Serviteur* : & ils ſe mettent en deux lignes au bas & au coin du papier, du côté droit ; c'eſt toûjours par ces termes qu'on finit une Lettre, parce que nous n'avons point d'autres marques pour exprimer nôtre reſpect. Un fils écrivant à ſon pere, met : *Vôtre trés-humble & trés-obéïſſant fils.* Un Sujet à ſon Roi, uſe de ces termes : *Sire, de vôtre Majeſté, le trés-humble, trés-obéïſſant & trés-fidele Sujet.*

Lors qu'on écrit à ſon égal, ou à une perſonne qui eſt au-deſſous de ſoi, on doit toûjours ſe ſervir de termes qui marquent du reſpect, en traitant celui à qui on écrit, comme s'il étoit ſimplement au-deſſus de ſoi, & ne ſe ſervir jamais d'aucun terme qui marque de l'amitié ou de la familiarité. Si on écrit à une perſonne qui eſt beaucoup au-deſſous de ſoi, comme pourroit être un Artiſan ou un Païſan, on lui écrit ordinairement, ſans l'appeller Monſieur, & on met à la fin tout de ſuite : *Je ſuis trés-affectionné à vous ſervir.*

Il faut en finissant mettre toûjours ces termes ;
Vôtre tres-humble, &c. au Nominatif ou a l'Accu-
satif, & non jamais au Genitif ou au Datif, par
exemple : *Je suis vôtre, &c.* & non pas, *comman-
dez à vôtre*, ou *Recevez de vôtre, &c.*

La bien-séance veut toûjours, quand on écrit,
qu'on mette la date du mois & de l'année ausquels
on écrit, & non pas celle du jour de la semaine, &
pour plus grand respect, il faut la mettre tout au bas
de la page où on finit la Lettre, du côté gauche, au-
dessous du mot de Monsieur. Cependant dans les
Lettres d'affaires, il est plus à propos de mettre la
date au commencement tout au haut, du côté droit,
parce qu'il est à propos que celui à qui elle est adres-
sée en sçache la date avant que de la lire ; on peut
aussi en user de même, lors qu'on écrit à une personne avec qui on est familier, ou qui est inferieure.

Lors qu'on écrit à une personne qui est superieure :
il est tout-à fait contre le respect de faire des baisemains à d'autres au bas de la Lettre, & il ne l'est
pas moins d'adresser ses baisemains ou recomman-
dations à des personnes qui sont beaucoup élevées
au-dessus de soi, ou de leur donner par Lettres quelque semblable commission ; cela est seulement permis entre les amis & entre des personnes égales ou
familieres. Cette sorte de civilité au bas des Lettres,
se fait ordinairement en cette maniere : *Permettez-
moi, je vous prie, Monsieur , d'assûrer de mes respects , Monsieur N. ou Madame N. de mes trés-
humbles services & respects ; ou Je vous prie trés-
humblement d'assûrer ; & Agréez, s'il vous plaît,
Monsieur, que je fasse icy mes trés-humbles baisemains à Monsieur N. à Madame N.* Si la Lettre
est écrite de tous les côtez, jusqu'au pas, il n'est pas
de la Civilité de la mettre ainsi dans l'envelope, mais

Il sera à propos de couvrir la derniere page d'un feüillet de papier blanc, & de le joindre à la Lettre écrite par une petite marge.

Lors qu'on écrit à une personne qu'on doit beaucoup respecter, il est de l'honnêteté de mettre la Lettre dans une enveloppe, qui soit de papier blanc & bien net, & d'écrire l'adresse sur l'envelope, & non pas sur la Lettre.

L'adresse d'une Lettre se commence par ces termes: *A Monsieur, Monsieur* : & se met au haut du dessus de la Lettre, au commencement de la ligne du côté gauche; & ce mot *Monsieur*, ou bien, *A Monsieur*, tout de suite, se met à la fin de la même ligne, du côté droit, au bas de l'enveloppe, ou du dos de la Lettre, on repete le mot, *à Monsieur*, puis on met le nom de la personne à qui on écrit, sa qualité & sa demeure, en cette maniere :

Monsieur N. Conseiller du Roi . . . . ruë . . . & tout au bas, au coin de la Lettre du côté droit, on met le nom de la Ville, dans laquelle cette personne demeure à Paris, par exemple, si elle demeure à Paris. Il est trés-incivil à celui qui écrit de taxer le prix de la Lettre, en mettant, par exemple (port trois sols.) Si on écrit à une personne qui soit beaucoup au-dessus de soi, on met ordinairement au haut du dessus de la Lettre, au milieu de la ligne, & vers le milieu du papier le reste de l'adresse tout de suite, & tout au bas, au coin le nom de la Ville où demeure la personne à qui on écrit. On peut écrire un Billet à une personne qui est egale ou familier ou inferieure, on peut aussi le faire, à l'égard das personnes qui sont superieures, lors qu'on leur écrit souvent; l'adresse aux Billets se met de même qu'aux Lettres.

Lorsque quelqu'un de nos amis nous prie ou que

quelque perſonne à qui nous devons du reſpect, commande d'abreger les céremonies dont on ſe ſert en écrivant des Lettres, & d'écrire en Billet, c'eſt-à-dire tout de ſuite, ſans mettre Monſieur en tête, & ſans laiſſer de vuide; on doit le faire pour ne ſe point rendre incommode, & par reſpect pour celui qui l'ordonne.

Quand on écrit un Billet, il faut mettre Monſieur dans le corps du Billet aprés les premiers mots, en cette maniere : *Vous ſçavez, Monſieur, que, &c.* & l'écrire & le répeter comme dans une Lettre, & à la fin il faut mettre tout de ſuite : *Je ſuis parfaitement, Monſieur, vôtre trés-humble & trés-obéïſſant Serviteur.*

On ne doit jamais lire ni Lettre, ni Billet, ni Papier, ni lire lors qu'on eſt en compagnie, à moins que cela ne ſoit ſi preſſé qu'on ne puiſſe s'en diſpenſer, il n'eſt pas même permis de le faire en préſence d'un autre, à moins qu'on ne ſoit beaucoup au-deſſus de lui.

Lors qu'on eſt obligé de lire une Lettre, étant en compagnie, on doit demander excuſe à la Compagnie, & la prier de trouver bon qu'on rende réponſe à la perſonne qui l'a apportée; il faut enſuite ſe lever, ſi on eſt aſſis, & ſe retirer à l'écart pour lire cette Lettre tout bas.

Si cette Lettre regarde les interêts de la perſonne qui la préſente, il eſt à propos d'ouvrir la Lettre en ſa préſence, en lui faiſant auparavant quelque civilité.

Lors qu'on s'apperçoit que quelqu'un veut lire une Lettre en ſecret, on ne doit point s'en approcher, à moins que celui qui la lit ne prie de le faire.

F I N.

LE PARFAIT MODELE
DE JESUS,
EN SON EVANGILE,

Pour servir d'Instruction à la Jeunesse Chrétienne.

† *Lorsque Jesus fut âgé de douze ans, Joseph & Marie allerent à Jerusalem, selon leur coutume au tems de la Fête. Les jours de cette Fête étant passez, comme ils s'en retournerent, l'Enfant Jesus demeura dans Jerusalem, sans que son Pere ni sa Mere s'en apperçûssent Et pensant qu'il seroit dans la compagnie, ils marcherent durant un jour, & il le cherchoient parmi leurs parens & ceux de leur connoissance, & ne le trouvant point, ils retournerent à Jerusalem pour l'y chercher. Trois jours aprés ils le trouverent dans le Temple assis au milieu des Docteurs, les ecoutant & les interrogeant. Et tous ceux qui l'écoutoient étoient étonnez de sa sagesse & de ses réponses. Lors donc qu'ils le virent, ils furent remplis d'étonnement, & sa Mere lui dit: mon Fils, pourquoi en avez vous agi ainsi avec nous ? Voilà vôtre Pere & moi qui vous cherchions étans tout affligez. Il leur répondit, pourquoi est-ce que vous me cherchiez ? ne sçaviezvous pas qu'il faut que je sois occupé à ce qui regarde le service de mon Pere ; mais ils ne comprirent point ce qu'il leur disoit. Il s'en alla ensuite avec eux, & il vint à Nazareth, & il leur étoit*

† En Saint Luc chap. 2. ⍒. 42. 52.

foumis. Or sa Mere conservoit toutes ces paroles dans son cœur, & Jesus croissoit en sagesse, en âge & en grace devant Dieu & devant les hommes

Nous allons consacrer aujourd'hui l'explication de nôtre Evangile à l'instruction de la jeunesse, & faire voir aux Enfans les grands exemples que JESUS-CHRIST encore enfant à l'âge de douze ans, leur donne, afin que commençant à pratiquer de bonne heure les vertus Chrétiennes, ils s'accoûtument à porter le joug du Seigneur, qui dans la suite de leur vie leur apparoîtra doux & leger. Il faut donc qu'ils s'exercent dans toutes sortes de vertus, 1°. En faisant paroître leur pieté & leur dévotion dans le Temple, à l'imitation de l'Enfant JESUS, qui se déroba de ses parens pour retourner au Temple y adorer son Pere, *invenerunt in Templo.*

Le premier devoir de l'homme est de rendre ses hommages à Dieu, en reconnoissance de l'Estre qu'il lui a donné si liberalement. Ainsi dés qu'il est capable de se connoître, il est obligé de tourner son cœur vers le Créateur, par un acte d'amour qu'il doit produire ; amour qui depuis ce moment doit toûjours augmenter & croître ; amour que les parens doivent entretenir en conduisant leurs enfans & les menant à l'Eglise à l'imitation de la Sainte Vierge & de S. Joseph, qui avoient un soin extrême de mener avec eux leur Enfant JESUS, pour y adorer son Pere dans le Temple de Jerusalem. C'est-là que les Enfans en s'acquitant des hommages qu'ils doivent à Dieu, concevront de l'estime pour la Religion & du respect pour nos saints Mysteres ; c'est-là que ces jeunes plantes seront arrosées des eaux celestes de la grace, qu'elles croîtront, qu'elles se fortifieront, qu'elles prendront de fortes racines dans la vertu. C'est là que ces Enfans instruits de bonne heure des vérités saintes du salut par la voix de leurs Pasteurs, se feront un devoir & une obligation de pratiquer les choses qu'on leur enseignera. En effet, il y a grand sujet de croire & d'esperer que des Enfans qui sont ainsi élevez chrétiennement & saintement, ayant Jesus-Christ pour maître & pour conducteur, seront sages & vertueux, étant presque impossible que des terres cultivées avec tant de soin, qui ne reçoivent que de bonnes semences, ne portent aussi dans la suite du tems toutes sortes de bons fruits. Ainsi les vertus leur devenant comme naturelles, ils concevront tant d'horreur pour le vice, que le nom seul leur en sera insupportable & les fera trembler. Et si dans la suite ils sont obligez de vivre dans le siécle, ils auront toute leur vie l'honneur & la gloire de Dieu en recommandation ; la pieté qu'ils feront paroître dans toutes leurs actions, leur attirera la veneration des personnes qui les approcheront, s'ils s'engagent dans le Mariage, ils y vivront heureux, parce qu'ils y vivront chrétiennement, ayant soin d'offrir à Dieu leurs enfans comme des effets de sa benediction, avant même qu'ils soient conçûs & aussi-tôt qu'ils seront nez, & ils auront soin qu'ils commencent de bonne heure à servir leur Créateur & leur Souverain, comme eux-mêmes l'ont servi.

Mais si les Enfans doivent montrer leur pieté dans les Temples & dans les Eglises, pour attirer de bonne heure sur eux les benedictions du Ciel, ils doivent être humbles, dociles & appliquez à l'étude dans les Ecoles de leurs Maîtres ; ce qui nous est marqué par ces paroles de nôtre Evangile qui nous réprésente Jesus-Christ au milieu des Docteurs, les écoutant & les interrogeant, *invenerunt illum sedentem in medio Doctorum audien-*

tem illos & interrogantem illos, jettant dans l'admiration ceux qui le voyoient & qui entendoient
ses réponses pleines de sagesse. C'est là le modéle
des Enfans au milieu de leurs Maîtres ; il faut qu'ils
soient humbles & dociles pour recevoir leurs instructions, qu'ils les écoutent avec attention, qu'ils
employent avec fruit le tems qui leur est marqué
pour leur étude, qu'on voye de jour en jour le
progrez & l'avancement qu'ils y font, qu'ils fassent
paroître leur sagesse dans l'éloignement des bagatelles, des puerilitez ; qu'on puisse remarquer dans
les interrogations qu'ils feront à leurs Maîtres &
dans leurs réponses, leur prudence & leur docilité;
qu'ils éloignent d'eux l'esprit de vanité, en voulant
s'élever par-dessus les autres, l'esprit de contention
en disputant avec trop de chaleur & d'opiniâtreté,
l'esprit de curiosité, en voulant sçavoir des choses
inutiles, ou qui pourroient être préjudiciables au
salut de leur ame ; l'esprit d'irreligion, en voulant
sonder & examiner avec les foibles lumieres de leur
esprit des Mysteres & des veritez incompréhensibles.

A la maison, qu'ils s'exercent dans la vertu, en
faisant paroître le respect qu'ils doivent à leurs parens, à l'imitation de JESUS-CHRIST, dont l'E-
vangile dit qu'il étoit entierement soumis à la Sainte
Vierge & à Saint Joseph, *& erat subditus illis.*
Car quoique JESUS-CHRIST fût Dieu ; cependant
s'étant revétu de nôtre humanité, & ayant voulu
passer par des differens âges des hommes, il voulut
rendre à ses parens les devoirs que les enfans sont
obligez de leur rendre. En effet, aprés Dieu ne
leur sommes-nous pas redevables de tout ce que
nous avons ? Ils nous ont donné l'Etre, ils nous
ont nourris, entretenus, préservez de mille accidens, & l'âge auquel nous sommes parvenus est un

effet de leurs foins, & de l'éducation qu'ils nous ont donnée : c'eft ce qui a fait dire au Sage ces belles paroles :

** Honorez vôtre Pere de tout vôtre cœur, & n'oubliez pas les gémiffemens de vôtre Mere ; fouvenezvous que fans eux vous ne feriez pas nez, & rendez leurs des fervices pareils à ceux que vous avez reçûs d'eux.* Certes fi nous confidérons les douleurs, les inquietudes & les peines qu'ils ont fouffertes, les dangers qu'ils ont couru, les plaifirs & les commoditez dont ils fe font privez, afin de pourvoir à nos befoins, le foin qu'ils ont pris de nôtre éducation, les larmes qu'ils ont verfées devant Dieu pour attirer fur nous fes graces, nous concevrons bien qu'il n'y a rien que nous ne foyons obligez de faire pour eux.

Cet honneur que nous leur devons par la Loi divine, fe réduit particulierement à trois chofes, qui font l'amour, le refpect & l'obéiffance ; aprés Dieu nous devons aimer nos Peres & nos Meres plus que toutes les autres créatures, parce qu'ils nous tiennent la place de Dieu, & que c'eft par eux que nous avons reçû de Dieu ce que nous fommes. Ainfi comme aimer, c'eft vouloir du bien à ceux que nous aimons, tout ce que demande un fincere & veritable amour, nous le devons à nos Peres & à nos Meres, & autant qu'il eft nôtre pouvoir, nous les devons enrichir & combler de toutes fortes de biens, tant fpirituels que corporels.

Le refpect confifte à les traiter avec honneur, & cet honneur n'eft autre chofe que de pourvoir abondamment à toutes leurs neceffitez corporelles ; enforte que s'il eft poffible, ils ne manquent de rien. C'eft ainfi que JESUS-CHRIST, pour fatisfaire à

* Ecclef. 7. v. 29. & 36.

ce devoir, recommanda en mourant à son bien-aimé Disciple Saint Jean, de prendre soin de la trés-Sainte Vierge sa Mere, & nous avons encore l'exemple du jeune Tobie, dont il est dit dans son Histoire, qu'il nourrissoit son Pere du travail de ses mains, & le servoit avec un soin & un amour infatigable en son extrême vieillesse, sur tout aprés qu'il eut perdu la vûë par un accident que Dieu permit qu'il lui arrivât, afin d'éxercer la patience du Pere & la pieté du Fils. Que cet exemple confond d'enfans dénaturez ! qui ayant une infinité d'obligations à leurs peres & à leurs Mere, les abandonnent dans leur vieillesse, lors qu'ils auroient plus de besoin de leurs secours ; qui ont souvent honte de les reconnoître pour ceux à qui ils sont redevables de la vie, de leur établissement & de leur fortune. Un Pere s'est donné des soins infinis pour élever des enfans, il s'est exposé à une infinité de dangers pour leur amasser des biens ; il a même passé les mers, il a entrepris de longs & de fâcheux voyages, il s'est privé de mille plaisirs pour les leur procurer, souvent il s'est refusé le nécessaire, & les a même avancez de ses propres biens, (pour ne pas dire que peut-être ses mains se feront portées à l'injustice, & qu'il aura augmenté ses héritages aux dépens de son honneur & de sa conscience) cependant ces fils ingrats & dénaturez le méconnoissent, ils oublient tout ce qu'ils lui doivent, ils ne lui parlent qu'avec mépris ; sa présence les incommode, elle les fatigue ; & loin de leur faire part d'une petite partie de ces biens dont il s'est dépoüillé en leur faveur, ils le chargent d'injures & souhaitent à tous momens qu'une prompte & violente maladie l'enleve de ce monde & le jette dans le tombeau. Quelle barbarie ! quelle inhumanité ! & que ces exemples sont fréquens dans le malheureux siécle où nous vivons.

L'obéissance est encore un des devoir essentiels que nous devons à nos parens, & ce devoir nous est particulierement recommandé par le Sage. *Celui, dit-il, qui crains Dieu, honorera & servira ceux qui l'ont mis au monde, comme des Seigneurs qui ont un pouvoir absolu sur lui.* Et l'Apôtre Saint Paul écrivant aux fidéles d'Ephese, leur dit ces paroles : *Enfans obeïssez à vos Peres & à vos Meres, à cause que le Seigneur vous le commande, car cela est juste.* La raison fondamentale de cette obéissance que nous devons à ceux qui nous ont mis au monde, *est un certain droit de principauté,* "comme dit "S. Jean Chrisostome, *que la nature leur donne* "*sur nous,* & qui est comme la récompense qu'ils "reçoivent pour nous avoir engendrés ; ce qui a "fait dire au Sage, * *que les Enfans doivent ser-* "*vir leurs Peres & Meres, comme leurs propres* "*Seigneurs, qui ont tout pouvoir sur eux.* Et il "en rend aussi-tôt la raison, quand il dit : *Souve-* "*nez-vous que sans eux vous ne seriez pas né.* "Pourriez-vous bien leur rendre ce qu'ils vous ont "donné ? Vous sçavez que non, acquittez-vous "donc du moins de ce que vous leur devez, comme "des sujets à leur Seigneur, qui est l'obéissance. "

2°. Il faut que les Enfans fassent paroître leur vertu dans la maison de leur pere envers Dieu & envers les hommes, à l'imitation de JESUS-CHRIST, qui croissoit en âge, en sagesse & en grace, devant Dieu & devant les hommes, * *Et Jesus proficiebat sapientia & ætate & gratia apud Deum & homines.* Que c'étoit, mes Freres, un ravissant spectacle de voir JESUS-CHRIST dans la boutique d'un pauvre Charpentier, s'exercer dans la pratique de

___

* Serm. 4. de var.   * v. 36.

toutes sortes de vertus ; de le voir humble, affable,
doux, honnête à tout le monde ; de voir avec quelle
sagesse il se comportoit, s'éloignant (je ne dis pas
du libertinage si ordinaire aux jeunes gens ; car ce
seroit un crime de penser seulement qu'il eût pû y
tomber) mais s'éloignant de tout ce qui ressentoit
tant soit peu l'inutilité, le plaisir, la perte du tems ;
travaillant dans la boutique de son Pere, s'occupant
à la priere, ayant soin d'adorer continuellement
son Pere, s'attirant le respect & l'admiration des
personnes qui le voyoient si rempli de sagesse & de
prudence, *proficiebat sapientia, & ætate & gra-*
tia apud Deum & homines. C'est cet excellent,
ce divin modéle que tous les enfans & jeunes gens
devroient avoir sans cesse devant les yeux, pour y
conformer toutes leurs actions. Car en même tems
qu'ils font paroître envers leurs parens le respect
& l'obéissance qu'ils leurs doivent, il faut que par
leur conduite ils témoignent l'honneur qu'ils doivent à Dieu, & le bon exemple qu'ils font obligez
de donner aux autres. Il faut qu'à mesure qu'ils
croissent en âge & que la raison augmente en eux,
ils fassent paroître plus de retenuë & de sagesse ;
qu'ils rendent à Dieu l'hommage & l'adoration qui
lui est dûë, lors qu'ils se lévent ou qu'ils se couchent, qu'ils soient assidus à leur devoir & à leur
travail, honnêtes & affables à tout le monde ; qu'il
ne sorte de leur bouche aucune parole qui scanda-
lise leur prochain, que leur conduite toûjours uniforme les fasse connoître pour des enfans bien nez
& bien élevez ; qu'ils s'abstiennent de fréquenter
les compagnies dangereuses & les maisons suspec-
tes ; qu'ils fuïent les occasions où leur innocence
pourroit être en danger de se perdre ; qu'ils se
fassent des amis de ceux en qui ils verront plus de

trainte de Dieu & plus d'éloignement des maximes corrompuës du siécle ; qu'ils évitent & qu'ils
fuïent le peché, selon l'avis du plus sage de tous
les hommes, comme ils éviteroient l'approche d'une
couleuvre , * *quasi à facie colubri fuge peccata.*
Enfin qu'ils s'opposent de bonne heure à leurs passions naissantes & à leurs mauvaises inclinations.

Peut-être me demanderez-vous à quoi je songe,
d'éxiger dans un âge si tendre & qui ne respire que
l'amusement ou les plaisirs , tant de retenuë & de
sagesse, qu'il n'est pas en vôtre puissance de l'avoir,
& que cela est bon pour des personnes qui commencent à avoir les cheveux gris. Ah ! que vous
vous trompez lourdement. Combien en a-t'on vû,
& combien vous citerois-je d'exemples de personnes dont la sagesse , la retenuë & la pieté, ont été
le partage dans leur grande jeunesse , qui ont crû
avec cette sagesse , & qui l'ont portée jusques dans
le tombeau. C'est un don de Dieu , il est vrai,
c'est une grace toute particuliere , je l'avouë ; mais
c'est aussi ce qui m'oblige à vous dire, que ce n'est
pas une chose qui vous soit impossible , puisque
Dieu vous l'accordera aisément , si vous la lui de-
mandez. Salomon qui a mérité par excellence le
nom de Sage , ne l'avoit pas reçuë en naissant non
plus que vous ; mais Dieu la lui donna en partage
aprés qu'il se fut adressé à lui. * *J'ai souhaité,*
dit-il, *d'avoir un sens droit , & Dieu me l'a
donné. J'ai invoqué le Seigneur , & il m'a rempli de l'esprit de sagesse.* Mais voyez un peu l'estime que le Sage faisoit de cette sagesse , aprés que
Dieu en eût rempli son esprit, & apprenez de cet
exemple quel bon-heur ce seroit pour vous , si
vous vous étiez rendu digne de l'obtenir de la

* Ecclef. 21. v. 2.　　　　　* Sap. 7.

bonté de vôtre Créateur. *Je l'ai preferé, cette Sageſſe, continuë-t'il, aux Sceptres & aux Couronnes, & j'ai crû que les richeſſes & les pierres précieuſes ne meritoient pas de lui être comparées, car tout l'or & l'argent n'eſt rien au prix de la Sageſſe, qu'un peu de ſable & de bouë.*

En effet, que ſont les Sceptres & les couronnes, l'or & l'argent en comparaiſon de la Sageſſe, les Sceptres ſe briſent, les Couronnes s'enlevent, les biens s'écoulent de nos mains, ou les voleurs nous les ôtent & nous les raviſſent. Mais tous les efforts des hommes ne ſont pas capables de nous enlever cette précieuſe vertu, elle nous demeûrera toûjours en partage, pendant qu'ils nous dépoüilleront de toutes les autres choſes.

Que ſi par le paſſé vous n'avez pas fait aſſez de réflexion à ces grandes & à ces importantes véritez, ſongez y maintenant, & dans cette nouvelle année qui commence, prenez de ſaintes réſolutions de vous conduire avec plus de ſageſſe. Vôtre eſprit volage & peu arrêté, vous a fait courir aprés les bagatelles du monde, vous avez recherché les plaiſirs avec beaucoup de paſſions ; le jeu, la bonne chere vous ont occupé ; les Sirénes du monde vous ont ſéduit par leurs faux appas, elles vous ont enchanté par leurs diſcours empoiſonnez. Ah ! rompez genereuſement avec elles, défaites-vous, débaraſſez-vous de leurs filets, domptez la violence de vos paſſions, réprimez ces flâmes naiſſantes, dont les étincelles font de ſi funeſtes embraſemens, éteignez-les par les eaux de la Pénitence, édifiez vôtre prochain par une conduite plus réguliere, & que dorénavant 'on vous voye croître en ſageſſe & en graces, auſſi-bien qu'en âge. Faites réflexion à ces paroles de l'Apôtre Saint Paul, qui dit, * *Que Dieu nous a prédeſtinez pour être conforme à l'image de ſon fils, afin qu'il fût l'aîné entre pluſieurs freres.* Quel honneur, mes Freres, pour vous & pour moi, d'avoir JESUS-CHRIST pour nôtre frere aîné ; il faut donc qu'il ſoit en toutes choſes nôtre modéle ; c'eſt ce qui a fait dire à l'Apôtre ſaint Jean, * *Celui qui demeure en* JESUS-CHRIST, *doit marcher lui-même comme* JESUS-CHRIST *a marché.* C'eſt en cela que l'on connoîtra ſi vous êtes de veritables enfans de Dieu. Ainſi ſi vous exprimez en vous les traits de ſon humilité, de ſon obéïſſance, de ſa modeſtie, de ſa patience, de ſa douceur & de ſes autres vertus, vous meriterez d'avoir part à l'heritage de vôtre Pere celeſte, & de régner un jour dans le Ciel avec JESUS-CHRIST, qui pendant ſa vie mortelle * *croiſſoit en âge, en ſageſſe & en graces devant Dieu & devant les hommes,* étant ce que je vous ſouhaite.

* Rom. 8. 29.   * Cap. 1.   * ⍒. 52.

FIN.

9 782019 980740